名师名校名校长

凝聚名师共识
团结名师关怀
打造名师品牌
培育名师群体

顾明远题

立人课程

基于STEM理念的
人工智能项目式学习

黎灼辉　梁毅／主编

李谕昌　陈珊娇　肖丹妮／副主编

中国文联出版社

图书在版编目（CIP）数据

立人课程：基于STEM理念的人工智能项目式学习 /
黎灼辉，梁毅主编. — 北京：中国文联出版社，2022.9
ISBN 978-7-5190-4955-3

Ⅰ.①立… Ⅱ.①黎… ②梁… Ⅲ.①课堂教学—教
学研究—高中 Ⅳ.①G632.421

中国版本图书馆CIP数据核字（2022）第166813号

编　　者　黎灼辉　梁　毅
责任编辑　刘　旭
责任校对　张　苗
装帧设计　刘贝贝　李　娜

出版发行　中国文联出版社有限公司
社　　址　北京市朝阳区农展馆南里10号　　邮编　100125
电　　话　010-85923025（发行部）　010-85923091（总编室）
经　　销　全国新华书店等
印　　刷　北京四海锦诚印刷技术有限公司

开　　本　710毫米×1000毫米　　1/16
印　　张　11.75
字　　数　185千字
版　　次　2022年9月第1版第1次印刷
定　　价　58.00元

目 录

第三章

基于掌控板的"AI+物联网"项目设计与制作

第 一 章

基于ScratchPi的
项目设计与制作

第一节 红绿灯

一、学习目标

（1）学习Cubic可编程电子积木以及ScratchPi编程软件的安装、使用。

（2）了解光的三原色原理。

（3）掌握程序的顺序结构。

（4）能通过编程实现红绿灯的功能。

二、知识储备

（一）光的三原色

人的眼睛是根据所看见的光的波长来识别颜色的。可见光谱中的大部分颜色可以由三种基本色光按不同的比例混合而成，这三种基本色光的颜色就是红（Red）、绿（Green）、蓝（Blue）三原色光。这三种光以相同的比例混合、且达到一定的强度，就呈现白色（白光）；若三种光的强度均为零，就是黑色（黑暗），这就是加色法原理。加色法原理被广泛应用于电视机、监视器等主动发光的产品中（如图1-1-1所示）。

图1-1-1

（二）Cubic（主控模块）

ScratchPi的主控模块（Cubic）由树上科技自主研发，主控基于开源Arduino方案实现，包括Arduino主控芯片、蓝牙通信模块、六个功能统一的MiniUSB接口等，是一款专为ScratchPi设计的易于上手、功能丰富的控制板。主控同时支持蓝牙通信模式、串口通信模式和离线烧录模式，即Scratch模式和Arduino模式，小巧精致，功能强大，是一款用户有良好体验感的入门级控制板（如图1-1-2所示）。

图1-1-2

（三）可编程电子积木

ScratchPi独创统一的电子积木接口，通过软件的封装，使得连接操作非常简单。所有的电子积木模块都是MiniUSB接口防呆设计，防止用户插错插反。同时，所有电子积木模块都带有保护电路，即使插错也能自动进入保护状态，防止电路损坏（如图1-1-3所示）。

图1-1-3

3

（四）编程软件

　　Scratch是由麻省理工学院（MIT）设计开发的一款青少年编程工具，集成了动画、游戏等编程功能，寓教于乐，能培养孩子的创新和逻辑思维能力。树上科技在此基础上，对Scratch进行大量优化，开发了适合国内孩子们的ScratchPi软件，ScratchPi是由树上科技自主研发的，基于Scratch3.0理念设计的一款适合于青少年使用的图形化编程软件，增加了丰富的电子模块功能，帮助孩子实现想法，培养孩子的创造能力，在硬件支持上，ScratchPi进行了深度封装，操作极为简单，对于有Scratch基础的用户，直接上手就可以使用，不需要任何复杂的安装配置操作。ScratchPi软件整体界面如图1-1-4所示。

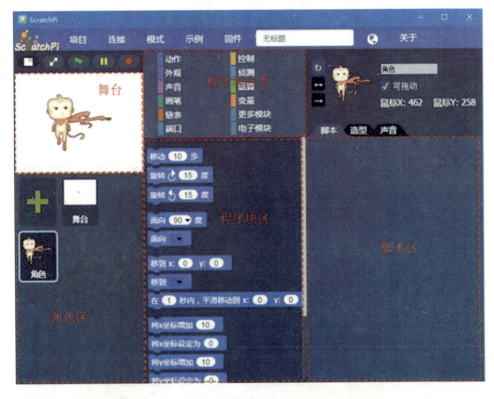

图1-1-4

（五）硬件与编程软件连接

1. 主控器与电脑连接

把USB数据线一端插到主控器数据线端口，另外一端插到电脑的USB端口，打开主控器开关（如图1-1-5—图1-1-8所示）。

图1-1-5

图1-1-6

图1-1-7

图1-1-8

2. 进入Arduino模式

（1）把鼠标放到"模式"菜单。

（2）在弹出的子菜单中单击"Arduino"切换模式（如图1-1-9所示）。

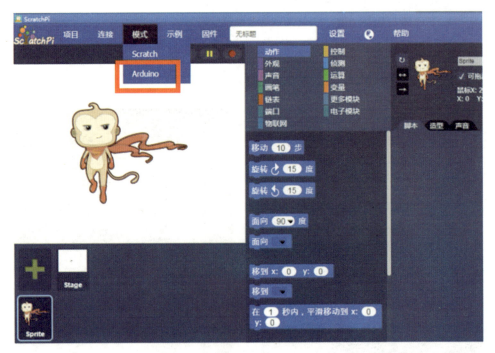

图1-1-9

3. 安装驱动

（1）把鼠标放到"固件"菜单。

（2）在弹出的子菜单中单击"安装驱动"。

（3）点击"下一步"。

（4）选择"我接受这个协议（A）"，点击"下一步"。

（5）等待。

（6）点击"完成"（如图1-1-10—图1-1-14所示）。

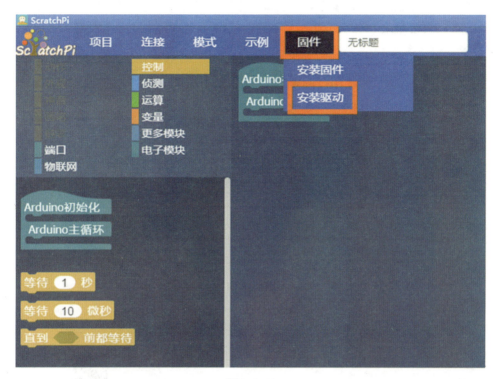

图1-1-10

图1-1-11

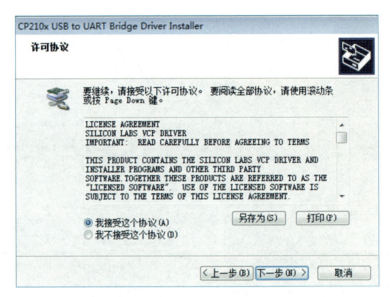

图1-1-12

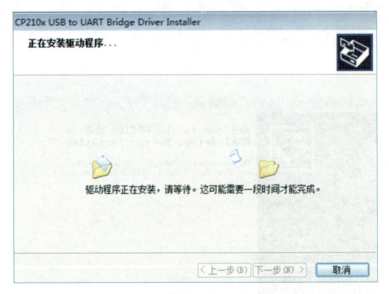

图1-1-13

图1-1-14

4. 串口连接

（1）把鼠标放到"连接"菜单。

（2）在弹出的子菜单中单击"串口"（如图1-1-15所示）。

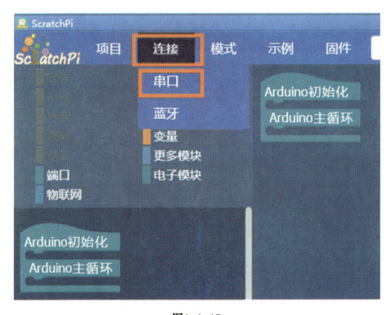

图1-1-15

（3）点击"连接"，备注：不同的主控器或者电脑，这个端口的名字不一样，但不会影响我们使用（如图1-1-16所示）。

图1-1-16

（4）用鼠标点击"确认"（如图1-1-17所示）。

图1-1-17

（5）把鼠标移动菜单"连接"处，"串口"后面出现了"√"表示连接成功了！（如图1-1-18所示）

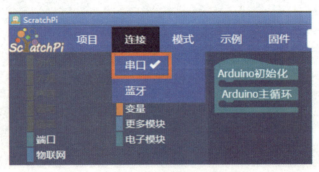

图1-1-18

三、创客任务

随着社会经济的不断发展，道路上的车越来越多，为了保证道路通畅，需要在各路口安装红绿交通信号灯，指挥车辆按顺序通行，它是不出声的"交通警察"。其实在古代的时候，点火对人们的交流就起到很大的帮助，现在的汽车也会经常打出"双闪"，以表示汽车可能出现故障或者其他情况。在这节课中，我们就用ScratchPi编程实现一个交通信号灯。

1.模型设计参考案例

（1）主要材料清单：cubic主控器1个，RGB全彩灯1个、结构零部件若干。

（2）模型结构参考案例（如图1-1-19—图1-1-21所示）。

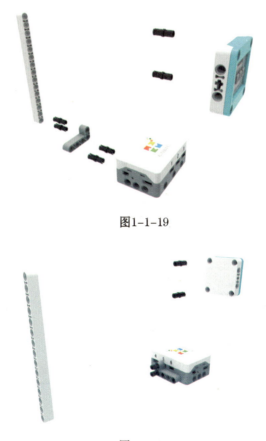

图1-1-19

图1-1-20

图1-1-21

2. 编写程序

（1）工作流程图（如图1-1-22所示）。

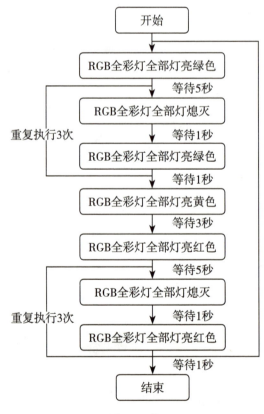

图1-1-22

（2）程序编写脚本（见表1-1-1）。

表1-1-1

脚本功能	脚本实现	操作说明
点亮绿灯	设置RGB全彩灯 远程1▼ 全部▼ 红 0 绿 100 蓝 0	将对应的脚本添加到"Arduino主循环"脚本区中
绿灯闪烁	重复执行 3 设置RGB全彩灯 远程1▼ 全部▼ 红 0 绿 0 蓝 0 等待 1 秒 设置RGB全彩灯 远程1▼ 全部▼ 红 0 绿 100 蓝 0 等待 1 秒	控制绿灯（灭—亮）重复3次
点亮黄灯	设置RGB全彩灯 远程1▼ 1▼ 红 100 绿 100 蓝 0	将对应的脚本添加到"Arduino主循环"脚本区中
点亮红灯	设置RGB全彩灯 远程1▼ 1▼ 红 100 绿 0 蓝 0	将对应的脚本添加到"Arduino主循环"脚本区中
红灯闪烁	重复执行 3 设置RGB全彩灯 远程1▼ 全部▼ 红 0 绿 0 蓝 0 等待 1 秒 设置RGB全彩灯 远程1▼ 全部▼ 红 100 绿 0 蓝 0 等待 1 秒	控制红灯（灭—亮）重复3次

（3）参考程序代码（如图1-1-23所示）。

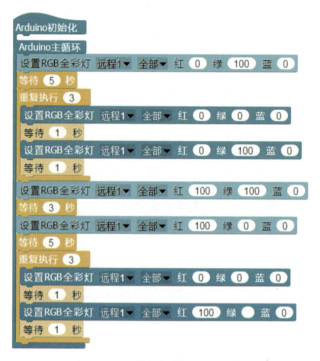

图1-1-23

四、举一反三

在城市的夜晚，我们经常看到五光十色的灯光秀，请参考今天学习的案例，自行设计制作一盏流水霓虹灯。

第二节　智能风扇

一、学习目标

（1）了解智能家电的技术原理、方法及应用。

（2）掌握超声波传感器、温度传感器的工作原理及其应用。

（3）掌握程序的选择结构、循环结构的应用。

（4）能正确选择相关传感器，通过编程实现创作智能风扇。

（5）学会分析任务优化程序。

二、知识储备

　　智能家居是以住宅为平台，通过物联网技术将家中的各种设备连接到一起，实现智能化的居住环境。智能家居系统一般都可以做到智能灯光控制、智能电器控制、智能安防报警、智能背景音乐、智能视频共享以及智能弱电信息六大功能，随着智能家居的不断发展和完善，它为用户带来了家居安全性、便利性、舒适性、艺术性（如图1-2-1所示）。

图1-2-1

智能家电是智能家居的重要组成部分，能够与住宅内其他家电和家居设施互联组成系统，实现智能家居功能。智能家电就是将微处理器、传感器技术、网络通信技术引入家电设备后形成的家电产品，具有自动感知住宅空间状态和家电自身状态、家电服务状态，能够自动控制及接收住宅用户在住宅内或远程的控制指令，例如智能电饭锅、智能洗衣机、智能电冰箱等。智能家电并不是单指某一个家电，而应是一个技术系统，随着人类应用需求和家电智能化的不断发展，其内容将会更加丰富，根据实际应用环境的不同，智能家电的功能也会有所差异，但一般应具备以下基本功能：

（1）通信功能。包括电话、网络、远程控制/报警等。

（2）消费电子产品的智能控制。例如可以自动控制加热时间、加热温度的微波炉，可以自动调节温度、湿度的智能空调，可以根据指令自动搜索电视节目并摄录的电视机/录像机等。

（3）交互式智能控制。可以通过语音识别技术实现智能家电的声控功能；通过各种主动式传感器（如温度、声音、动作等）实现智能家电的主动性动作响应。用户还可以自己定义不同场景不同智能家电的不同响应。

（4）安防控制功能。包括门禁系统、火灾自动报警、煤气泄漏、漏电、漏水等。

（5）健康与医疗功能。包括健康设备监控、远程诊疗、老人/病人异常监护等。

三、创客任务——智能风扇

1.任务情境

在天气热的时候，我们将写字台上的风扇开启后，在我们写完作业时常常忘记关停而浪费电能，我们希望设计一款能自动开关的智能风扇，即当温度大于某一值（23℃）的时候，有人走近风扇，风扇就会自动打开，而且温度越高，转速越大，当人离开风扇或者温度降低到一定值时（23℃），风扇会自动停止转动。

2.模型设计参考案例

（1）主要材料清单：Cubic主控器1个，超声波传感器1个、温湿度传感器1

个、直流电机1个、直流电机驱动模块1个、四位数码管模块1个，结构零部件若干。

（2）模型结构参考案例（如图1-2-2—图1-2-10所示）。

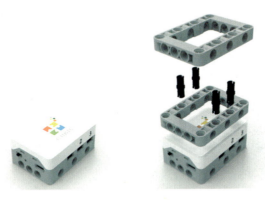

图1-2-2   图1-2-3

图1-2-4

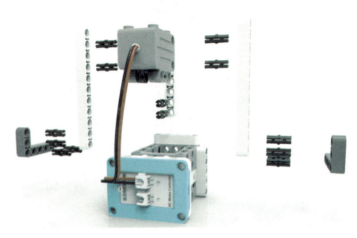

图1-2-5

17

图1-2-6

图1-2-7

图1-2-8

图1-2-9

图1-2-10

3. 编写程序

（1）工作流程图（如图1-2-11所示）。

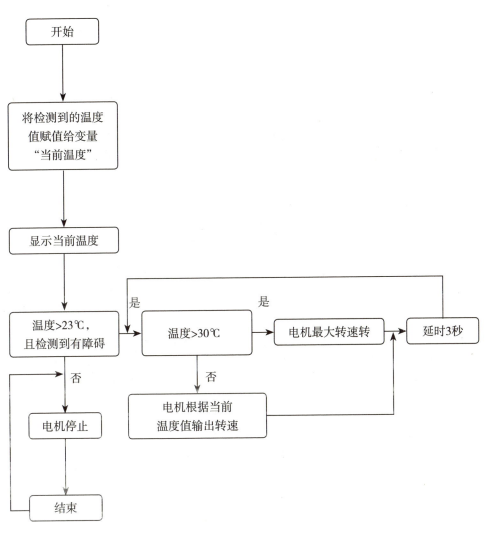

图1-2-11

（2）程序编写脚本（见表1-2-1）。

表1-2-1

脚本功能	脚本实现	操作说明
初始化电机转速为0	Arduino初始化 直流电机 远程2▼ 停转	在"Arduino初始化"脚本区中将"电机转速"设定为0
创建变量"距离"	变量名 距离 确定　取消	在"变量"分类中，利用功能新建一个变量
用变量保存超声波距离	将变量 距离▼ 的值设定为 超声波 远程3▼ 的距离	将变量"距离"设定为超声波距离，保证接下来的"如果判断"和"转速运算"使用同一个数据
距离小于60cm认为有人	如果 距离 < 60 否则	根据超声波距离判断是否有人，小于60cm认为有人
创建变量"当前温度"	变量名 当前温度 确定　取消	在"变量"分类中，利用功能新建一个变量
用变量保存温度	将变量 当前温度▼ 的值设定为 温湿度传感器 远程4▼ 的温度	将变量"当前温度"设定为温湿度传感器的温度值
利用四位数码管显示当前温度	四位数码管 远程1▼ 显示(xxxx) 温湿度传感器 远程4▼ 的温度	在变量菜单栏中，新建一个变量并且命名为"当前温度"

续 表

脚本功能	脚本实现	操作说明
利用四位数码管显示当前温度		将对应的脚本添加到"Arduino主循环"脚本区中
检测有人在风扇前且当前温度大于23℃	如果 当前温度 > 23 且 距离 < 60 否则	
当前温度越高，风扇转速越大	直流电机 远程5▼ 正转，速度为 当前温度 − 15 × 17	

（3）参考程序代码（如图1-2-12所示）。

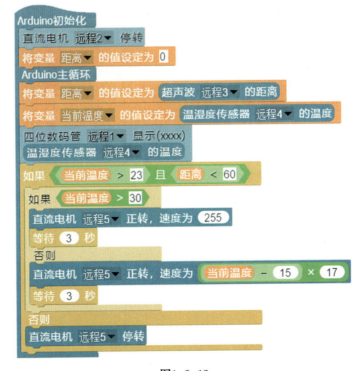

图1-2-12

21

四、举一反三

　　请参考今天学习的案例，自行设计制作一盏智能台灯，要求智能台灯能实现在室内光线不足时，如果有人靠近台灯，台灯能自动打开，并根据室内光线的情况，自动调节灯的亮度，如果室内光线强或者人离开后，台灯能自动关闭。

第三节　智能闸门

一、课程目标

（1）了解涡轮蜗杆、杠杆原理、自锁、限位在机械工业中的应用。

（2）掌握超声波传感器、四位数码管的工作原理及其应用。

（3）掌握程序的选择结构、循环结构的应用。

（4）能正确选择相关传感器，通过编程实现智能车库闸门。

（5）学会分析任务优化程序。

二、知识储备

图像对比高清摄像机，内置
强光灯，可补光，车牌号在
夜间清晰可见

鲁VK8188

识别出数字式车牌

图1-3-1

车牌识别系统（Vehicle License Plate Recognition，VLPR）是现代智能交通系统中的重要组成部分之一，应用十分广泛。它以数字图像处理、模式识别、计算机视觉等技术为基础，对摄像机所拍摄的车辆图像或者视频序列进行分析，得到每一辆汽车唯一的车牌号码，从而完成识别过程（如图1-3-1所示）。

（一）车牌识别系统的应用

1. 监测报警

对于被通缉或挂失的车辆、欠交费车辆、未年检车辆、肇事逃逸及违章车辆等，只需将其车牌号码输入到应用系统中，系统将识读所有通过车辆的牌照号码并与系统中的"黑名单"比对，一旦发现指定车辆立刻发出报警信息。

2. 超速违章处罚

车牌识别技术结合测速设备可以用于车辆超速违章处罚，用车牌识别设备识别通过车辆并将号码与已经收到的超速车辆的号码比对，一旦号码相同即启动警示设备通知执法人员处理。

3. 车辆出入管理

将车牌识别设备安装于出入口，记录车辆的牌照号码、出入时间，并与自动门、栏杆机的控制设备结合，实现车辆的自动管理。

4. 高速公路收费管理

在高速公路的各个出入口安装车牌识别设备，车辆驶入时识别车辆牌照将入口资料存入收费系统，车辆到达出口时再次识别其牌照并根据牌照信息调用入口资料，结合出入口资料实现收费管理。

（二）车牌识别系统中主要应用技术

1. 数字图像处理

数字图像处理是指将图像信号转换成数字信号并利用计算机对其进行处理的过程。数字图像处理常用方法主要有图像变换、图像编码压缩、图像增强和复原、图像分割、图像描述、图像分类（识别）。

2. 模式识别

模式识别是对数据中模式和规律的自动识别，所谓模式识别的问题就是用计算的方法根据样本的特征将样本划分到一定的类别中去。它主要是通过计算机用数学技术方法来研究模式的自动处理和判读。模式识别研究主要集中在两方面，一是研究生物体（包括人）是如何感知对象的，属于认识科学的范畴；二是在给定的任务下，如何用计算机实现模式识别的理论和方法。模式识别可用于文字和语音识别、遥感和医学诊断等方面。

3. 计算机视觉

计算机视觉是一门研究如何使机器"看"的科学，更进一步地说，就是指用摄影机和电脑代替人眼对目标进行识别、跟踪和测量等机器视觉，并进一步做图形处理，使电脑处理成为更适合人眼观察或传送给仪器检测的图像。计算机视觉就是用各种成像系统代替视觉器官作为输入敏感手段，由计算机来代替大脑完成处理和解释（如图1-3-2所示）。

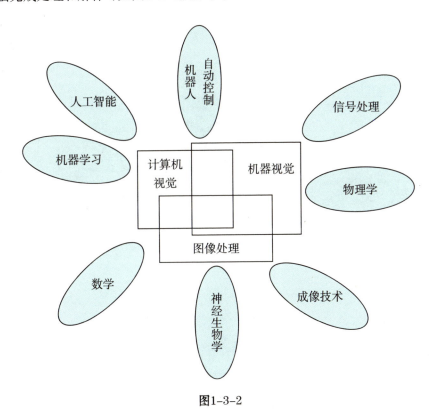

图1-3-2

三、创客任务——智能闸门

1.任务情境

陈叔叔是某免费停车场的管理员，为了节约人力成本，他希望在停车场进口安装智能闸门，有车靠近的时候，闸门自动打开，让车进去，同时在显示屏上显示停车场剩余车位，让车主知道停车场内是否有车位，请你帮陈叔叔完成一个智能闸门的设计与制作吧。

2.模型设计参考案例

（1）主要材料清单：Cubic主控器1个，超声波传感器1个、直流电机1个、直流电机驱动模块1个、四位数码管模块1个，结构零部件若干。

（2）模型结构参考案例（如图1-3-3—图1-3-12所示）。

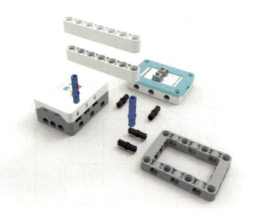

图1-3-3

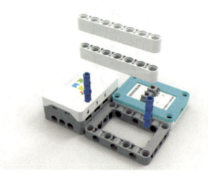

图1-3-4

图1-3-5

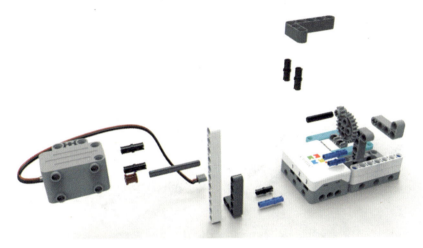

图1-3-6

图1-3-7

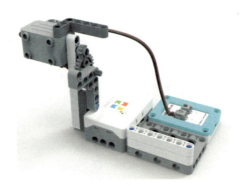

图1-3-8

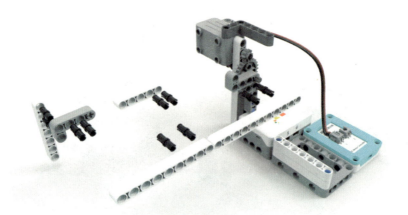

图1-3-9

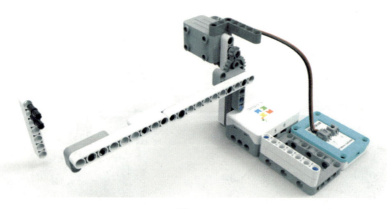

图1-3-10

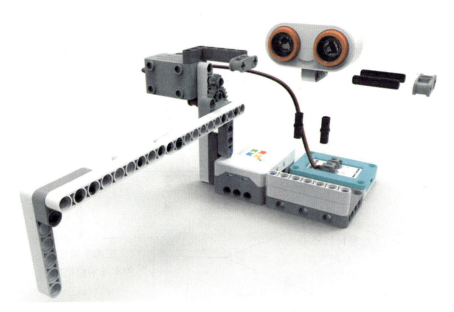

图1-3-11

图1-3-12

3. 编写程序

（1）工作流程图（如图1-3-13所示）。

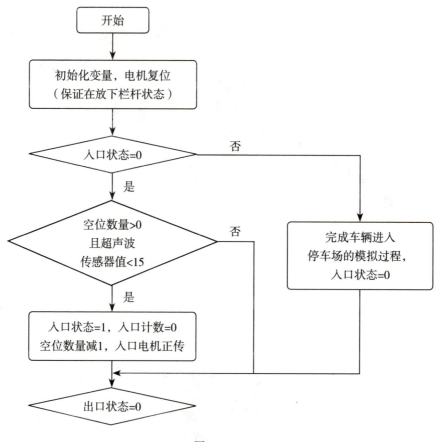

图1-3-13

（2）程序编写脚本。

表1-3-1

脚本功能	脚本实现	操作说明
创建变量"空位数量"	**变量名** 空位数量 确定　　取消	在"变量"分类中，利用功能新建一个变量

续　表

脚本功能	脚本实现	操作说明
初始化空位数量为25；数码显示管显示空位数量	Arduino初始化　将变量 空位数量▼ 的值设定为 25　四位数码管 远程6▼ 显示(xxxx) 空位数量	在"Arduino初始化"脚本区中将"空位数量"设定为25
距离小于20cm认为有车需要进入	超声波 远程4▼ 的距离 < 20	根据超声波距离判断是有车需要进场，小于20cm认为有车需要进入
停车场内有空位时才能进场	如果 空位数量 > 0 且 超声波 远程4▼ 的距离 < 20　否则	将对应的脚本添加到"Arduino主循环"脚本区中
有车进场后，空位数量减少1个	如果 空位数量 > 0 且 超声波 远程4▼ 的距离 < 20　将变量 空位数量▼ 的值设定为 空位数量 − 1　否则	将对应的脚本添加到"Arduino主循环"脚本区中

（3）参考程序代码（如图1-3-14所示）。

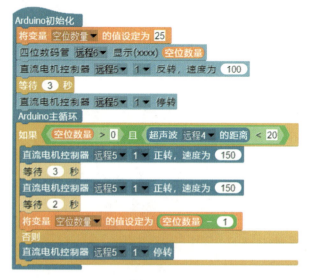

图1-3-14

三、举一反三

开学之初，高一（5）班通过投票决定班长是否继续留任，支持留任者，投票进投票箱，反对或者弃权则不需要上台投票，得票超过45票，则原班长留任，否则重新选班长，请根据今天所学知识，设计制作一个智能投票箱，要求能即时显示班长的得票。

第四节　实践项目：防幼儿遗漏的新型校车

一、项目任务

近年来全国各地时有发生因为校车司机粗心，把幼儿遗漏在校车内，导致幼儿伤亡。能否利用前面所学的知识，设计一款防幼儿遗漏的智能校车，减少类似的悲剧发生。

4岁幼童被遗忘校车内近8小时身亡

5月24日上午7时20分许，武汉江夏的伍雪梅把4岁儿子欣欣（化名）送上了"校车"；下午4时许，她接到园方电话，欣欣死了。5月25日，江夏区委宣传部向上游新闻记者通报称，星星幼儿园因粗心大意将欣欣遗忘在了校车上，当天下午在校车过道上发现昏迷的欣欣后紧急送医，经抢救无效死亡。目前，园长晏雪莲，校车司机、晏雪莲的丈夫戴功训等人已被刑拘。

二、任务分解

（1）头脑风暴确定方案。

① 如何判定司机已经锁车离开？

② 如何确定车内的幼儿是否全部下车？

③ 如何判定车内有遗留的幼儿？

④ 判定车内遗留有幼儿之后，如何发出警报？

⑤ 如何告知司机或者老师，有幼儿未下车？

（2）尝试撰写工作流程图、制作校车模型。

（3）根据流程图编写程序。

（4）测试与优化作品。

（5）撰写研究报告。

三、参考案例

（一）研究思路

我们的研究思路是在校车上加上自动记录上车、下车人数的功能，每上来一个幼儿，数码显示管数字增加1，每下来一个幼儿，数码显示管数字减少1，如果上车人数等于下车人数，数码显示管数字最终显示为0，表示全部幼儿已经下车，如果不是0，则表示还有幼儿遗留在校车上。

我们还在校车上安装了智能报警系统。司机离开座位，锁了校车门之后，智能报警系统就会开启，如果校车上有人走动，被超声波传感器检测到，该报警系统就会通过2.4G无线模块发送信息到校车司机或者老师办公室，触发蜂鸣器发出警报声，提醒司机或者老师，校车内还有幼儿。

（二）研究方案

1. 自动记录上下车人数

当幼儿上车的时候，安装在上车门口处的红外避障传感器被遮挡，数码显示管显示的数值增加1。当幼儿下车的时候，安装在下车门口处的红外避障传感器被遮挡，数码显示管显示的数值减少1，如果上车的人数和下车的人数相同，数码显示管的数字最终显示为0，表示没有幼儿遗漏在车上。

2. 自动报警

如果司机没有离开，自动报警系统不会被开启，那么即使有人在车内走动，也不会触发报警，在司机座位上的红外传感器，如果检测到司机已经离开，那么自动报警系统就会开启。在车内安装了多个超声波传感器，遗漏在车内的幼儿走动，当超声波传感器检测到后，2.4G无线模块就会发送信息到司机或者老师办公室，触发蜂鸣器，发出警报，通知司机和老师去解救校车内的幼儿。

（三）研究制作

1.电路硬件设计

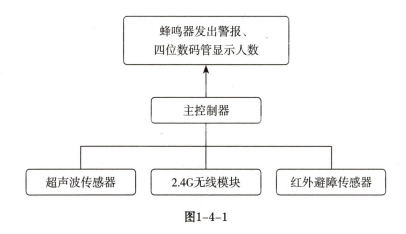

图1-4-1

2.软件编程设计

（1）人数统计程序（如图1-4-2所示）。

图1-4-2

（2）校车发送端程序（如图1-4-3所示）。

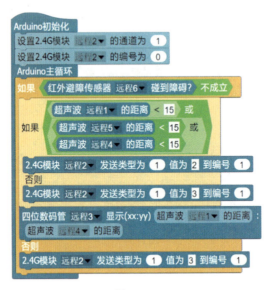

图1-4-3

（3）校车接收端程序（如图1-4-4所示）。

图1-4-4

3. 功能调试与制作

调试好程序的数据后，检测各电子元件的运行是否正常。将所有的电子元件组装好，测试效果（如图1-4-5—图1-4-6所示）。

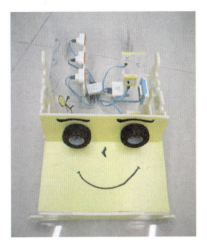

图1-4-5   图1-4-6

（四）测试结论

本研究成果是一种防幼儿遗漏的智能校车，实用性强，效果理想，有推广价值，并包含以下优点：

（1）实用性强，降低幼儿伤亡率；

（2）操作简单，自动识别报警；

（3）适用性广，使校车智能化。

（五）研究下一步设想

降低制作成本，将其制作得更加小巧方便。

第 二 章

基于Ardiuno的项目设计与制作

第一节 点亮乐园

一、学习目标

（1）了解Arduino硬件基础与Mixly软件。

（2）掌握LED等模块的工作原理及其应用。

（3）掌握程序的顺序结构的应用。

（4）学会分析任务、编写程序。

二、知识储备

1.霓虹灯

霓虹灯是城市的美容师，每当夜幕降临时，华灯初上，五颜六色的霓虹灯就把城市装扮得格外美丽。同学们一定都见过吧，但同学们知道霓虹灯的结构和发光原理是什么样的吗？霓虹灯是明亮发光的，充有稀薄氖气或其他的通电玻璃管或灯泡，是一种冷阴极气体放电灯。霓虹灯管是一个两端有电极的密封玻璃管，其中填充了一些低气压的气体。几千伏的电压施加在电极上，电离管中的气体使其发出光，光的颜色取决于管中的气体。霓虹灯是氖灯（neon light）的音译，氖气这种稀有气体会发出一种流行的橙色光，但使用其他气体会产生其他颜色，例如，氢（红色）、氦（黄色）、二氧化碳（白色）、汞蒸气（蓝色）（如图2-1-1所示）。

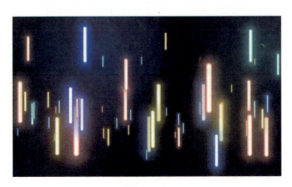

图2-1-1

2. 认识Arduino（如图2-1-2—图2-1-5所示）

图2-1-2

图2-1-3

图2-1-4

图2-1-5

　　Arduino是一个控制板，可以接收来自各种传感器的输入信号从而做到监测环境的效果，并通过控制光源、电机以及其他执行器来影响其周围环境。它相当于人的大脑，可以感测到外界的变化从而做出不同的反应（如图2-1-6所示）。

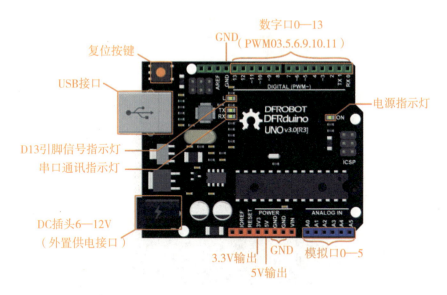

图2-1-6

　　如图2-1-6所示，Arduino UNO板有数字口和模拟口，即为常说的I/O。数字口有0—13，模拟口有0—5。

　　除了最重要的I/O口外，还有电源部分，UNO可以通过两种方式供电，一种通过USB供电，另一种是通过外接6—12V的DC电源。除此之外，还有4个LED灯和复位按键，4个LED中，ON是电源指示灯，通电就会亮；L是接在数字口13上的一个LED，表示13号端口的状态；TX、RX是串口通讯指示灯，我们在下载程序的过程中，便是在通讯的过程中，这两个灯就会不停闪烁。Arduino拓展板如图2-1-7所示。

　　Arduino IO扩展板的最大的好处之一，就是相对于控制板上的仅限的几个电源接口，扩展板大大增加了电源接口和GND接口，不用担心如果连接多个传感器时，会出现电源接口不够用的情况。

　　在板子上，数字引脚和模拟引脚下面都会有对应一排"红色"排阵，以及一排"黑色"排阵。这就是扩展出来的电源接口。红色排阵是与电源相连的，黑色排阵对应与GND相通。

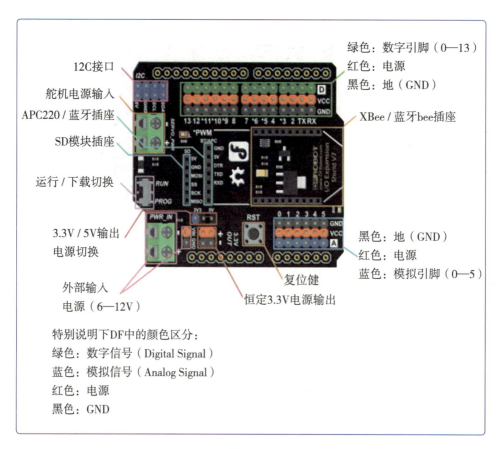

I2C接口

舵机电源输入

APC220 / 蓝牙插座

SD模块插座

运行 / 下载切换

3.3V / 5V输出
电源切换

外部输入
电源（6—12V）

绿色：数字引脚（0—13）
红色：电源
黑色：地（GND）

XBee / 蓝牙bee插座

黑色：地（GND）
红色：电源
蓝色：模拟引脚（0—5）

复位健

恒定3.3V电源输出

特别说明下DF中的颜色区分：
绿色：数字信号（Digital Signal）
蓝色：模拟信号（Analog Signal）
红色：电源
黑色：GND

图2-1-7

三、创客任务——点亮乐园

1. 任务情境

欢迎来到智能乐园创造营，夜幕逐渐降临，创造营的小伙伴们，现在你们接到的紧急任务：小朋友们正在乐园玩得开心但是突然断电了，小朋友们害怕极了，现请创造营的小伙伴们赶忙点亮LED灯，让我们的智能乐园重新回到欢快的状态（如图2-1-8所示）。

图2-1-8

2.模型设计参考案例

（1）认识所用器材：数字食人鱼红色LED发光模块×1；DFRduino UNO板×1；Arduino拓展板×1。

数字食人鱼红色LED发光模块（如图2-1-9所示）。

模块有三个端口
VCC：红色线接板子的+5V
GND：黑色线接板子的GND
S：输入端口绿色线接板子数字端口

图2-1-9

（注：之后的项目将都不重复罗列UNO与IO传感器扩展板，但是，每次都还是需要用到的）

（2）硬件电路连接（如图2-1-10所示）。

图2-1-10

直接把数字食人鱼红色LED发光模块连接到Arduino UNO的数字口10。插上USB线，准备下载程序。

3.编写程序

打开米思齐软件，在"输入输出"菜单中找到"数字输出"模块，点击并拖动至空白处。

① 选择板子类型：Arduino/Genuino UNO；②选择串口与计算机中设备管理器的Arduino的接口一致；③编译：编译程序是否有错误；④上传：将程序上传至UNO板子（如图2-1-11所示）。

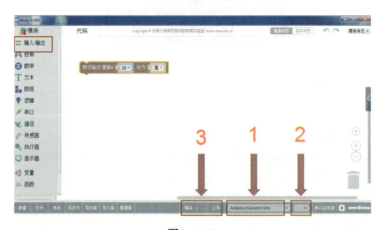

图2-1-11

上传程序后便可看到LED灯亮了（如图2-1-12所示）。

想一想
　　如何改写程序，才能让LED灯闪烁起来呢？

图2-1-12

只需要让连接LED模块的数字输出管脚10输出高电平，保持1秒的时间再输出低电平，再保持1秒，如此循环即可（注意：可根据颜色选模块类别，延时模块在"控制"里面）。

（1）工作流程图（如图2-1-13所示）。

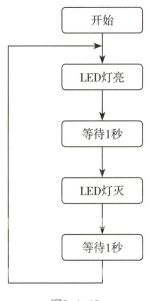

图2-1-13

（2）程序编写脚本（见表2-1-1）。

表2-1-1

脚本功能	脚本实现	操作说明
管脚10输出高电平，灯亮，持续1秒；管脚10输出低电平，灯灭，并持续1秒。接着重复循环，便是闪烁灯	数字输出 管脚# 10▾ 设为 高▾ 延时 毫秒▾ 1000 数字输出 管脚# 10▾ 设为 低▾ 延时 毫秒▾ 1000	数字输出是Arduino主控板对原件的控制方式之一。它向输出的电路传送数字信号——0和1。0意味着输出低电平，电路不会接通；1则是指输出高电平，电路接通。延时模块代表保持上面的状态一段时间
可以看到，LED灯在亮1秒后便灭了，1秒后又重新亮起来，如此重复下去		
这是因为，Mixly和Arduino默认这段程序是重复执行的。如果没有其他干预，程序便会一直重复执行		

四、举一反三

点亮了LED灯，孩子们开心极了，在这样欢乐的氛围中，一个孩子提议想让这些灯光能像他们欢快的心情一样一起流动起来，显现出流水灯的状态，你能帮他实现吗？

第二节　森林鬼怪

一、学习目标

（1）掌握人体红外热释电传感器、蜂鸣器的工作原理及其应用。

（2）掌握程序的选择结构、循环结构的应用。

（3）能正确选择相关传感器，通过编程实现模拟鬼怪的制作。

二、知识储备

1. 鬼屋

年轻人生活压力太大，都想找些激烈的游乐场来玩，鬼屋就是个很好的地方，进去鬼屋沉浸在里面感受刺激，体验心跳加速感。但同学们知道鬼屋这种游戏方式是怎么来的吗？

鬼屋的起源可追溯至19世纪的伦敦。1802年，杜莎夫人蜡像馆策划了一场怪诞展览——"恐怖屋"（Chamber of Horrors）。此前，在法国大革命期间，杜莎夫人在众多受害者的尸体堆中寻找被斩首的头领，为他们制作死亡面模。展览中，就有国王路易十六的人头蜡像，法国王后玛丽·安东尼特的人头也被杜莎夫人制成了"死亡面具"。20世纪初，现代鬼屋也逐渐成形。Orton&Spooner游乐场推出的鬼屋可能是世界上第一座真正的鬼屋：游乐场里，光线阴森昏暗，地板会时不时地晃动，留声机中还会发出恶魔般的尖叫声，这是商业鬼屋的早期形态。1969年，迪士尼纽奥良广场的鬼屋对外开放，风格维持了迪士尼不恐怖却有创意的合家欢乐模式，呈现出迷离奇幻的神奇境界。鬼屋中含有四周诡异的画像、刻度有13的怪钟，以及室外墓园、四处飘荡的鬼魂、诡异的歌声……此后商业性的恐怖鬼屋又发展到一个新的阶段，光影图像制造恐怖氛围成为了鬼屋的发展新趋势，打破鬼屋中依靠设置鬼怪来制造惊悚的模式。

20世纪末21世纪初，伴随着电影文化的发达，大量恐怖惊悚电影上映，其中《猛鬼街》《13号星期五》《电锯惊魂》等都创作出了经典的恐怖形象，这些影视形象的出现大大促进了观众对恐怖产品的兴趣和需求，作为恐怖类产业的鬼屋也就随之繁荣（如图2-2-1所示）。

图2-2-1

2. 人体红外热释电传感器的原理及其应用

人体红外热释电传感器主要是由一种高热释电系数的材料，如锆钛酸铅系陶瓷、钽酸锂、硫酸三甘钛等制成尺寸为2mm×1mm的探测元件。在每个探测器内装入一个或两个探测元件，并将两个探测元件以反极性串联，以抑制由于自身温度升高而产生的干扰。由探测元件将探测并接收到的红外辐射转变成微弱的电压信号，经装在探头内的场效应管放大后向外输出（如图2-2-2所示）。

图2-2-2

为了提高探测器的探测灵敏度以增大探测距离，一般在探测器的前方装设一个菲涅尔透镜，该透镜用透明塑料制成，将透镜的上、下两部分各分成若干等份，制成一种具有特殊光学系统的透镜，它和放大电路相配合，可将信号放大70分贝以上，这样就可以测出15米范围内人的行动了（如图2-2-3—图2-2-4所示）。

图2-2-3

图2-2-4

根据人体红外热释电传感器的特征，可将其设计成一个可以检测人体行动的开关，应用在各个场景，比如常见的多将人体红外热释电传感器应用在自动门的设计、楼道灯的设计上等。当人靠近时，人体红外热释电传感器检测到人体行动，将门自动打开；楼道灯也一样，当有人走动时，人体红外热释电传感器检测到人体行动，自动打开灯照亮楼道状况（如图2-2-5—图2-2-7所示）。

图2-2-5

图2-2-6

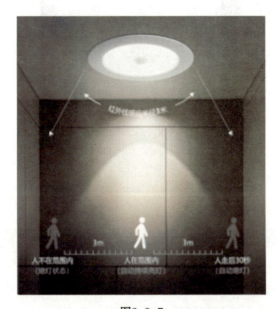

图2-2-7

三、创客任务——森林鬼怪

1.任务情境

智能乐园创造营的小朋友们，前方发生一起殴打事件，地点是森林鬼屋，游客由于被鬼屋中扮鬼的NPC吓到，失手打了NPC。森林鬼屋是很多游客特别喜欢的一个景点，他们可以在这里体验一把刺激。但是游客们也常常因为被工作人员扮演的鬼怪吓到而失手打了工作人员，造成景点的不和谐。创造营的创客们，你们能利用电子编程知识制作一个电子鬼怪吗？

2.任务发布

设计电子鬼怪的功能，当有人靠近时，两个安装在鬼脸上当作眼睛的LED灯闪烁起来，蜂鸣器发出"沙沙沙"的鬼声。

3.模型设计参考案例

主要材料清单：Arduino主板×1、拓展板×1、LED灯模块×2、人体红外热释电传感器×1、杜邦线若干。

（1）器材介绍。

① 人体红外热释电传感器（如图2-2-8所示）。

图2-2-8

红外热释电传感器能检测运动的人或动物身上发出的红外线，输出开关信号，可以应用于各种需要检测人体运动的场合。如表2-2-1所示是此模块的信息：

表2-2-1

输入电压	3.3—5V，最大6V
工作温度	−20—85℃
输出电压	高电平3V，低电平0V
输出延迟时间（高电平）	2.3—3秒
感应角度	100°
连线接口	PH2.0-3P
感应距离	最大7m
输出指示灯	高电平点亮

注意标注的信息，当检测到人时，OUT端输出高电平，并且指示灯亮，同时输出高电平后会延时2.3—3秒。

② 有源蜂鸣器。

有源蜂鸣器，不用频率信号，只给电平信号即可发声，IN端输入高电平响，低电平不响（如图2-2-9所示）。

图2-2-9

（2）模型结构参考案例（如图2-2-10所示）。

图2-2-10

（3）硬件电路连接（如图2-2-11所示）。

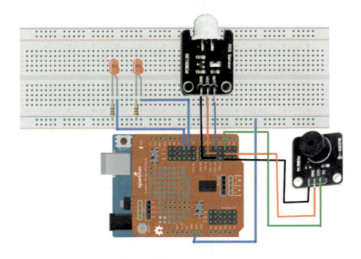

图2-2-11

将人体红外热释电传感器连接在4号端口，检测是否有人走动，将两个LED灯分别连接在9号和10号端口，将蜂鸣器连接在2号端口，用作执行器，对检测结果进行反应。

实物连接图（如图2-2-12所示）。

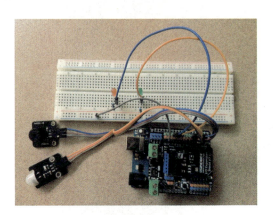

图2-2-12

4. 编写程序

（1）工作流程图（如图2-2-13所示）。

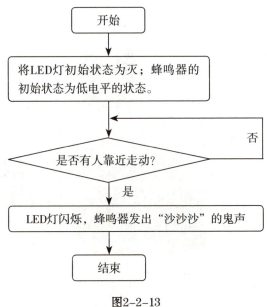

图2-2-13

（2）程序编写脚本（见表2-2-2）。

表2-2-2

脚本功能	脚本实现	操作说明
将LED灯初始状态为灭；蜂鸣器的初始状态为低电平的状态	初始化 数字输出 管脚# 9▼ 设为 低▼ 数字输出 管脚# 10▼ 设为 低▼ 数字输出 管脚# 2▼ 设为 低▼	在"控制"栏中拉出"初始化"模块；在"输入/输出"栏中拉出"数字输出管脚"模块
两个LED灯连接在Arduino的9号和10号端口，所以当有人靠近时，数字输出管脚9、10输出高电平，延时1秒后，蜂鸣器响起。否则三个输出管脚皆为低电平	如果 数字输入 管脚# 4▼ 执行 数字输出 管脚# 9▼ 设为 高▼ 数字输出 管脚# 10▼ 设为 高▼ 延时 毫秒▼ 1000 数字输出 管脚# 2▼ 设为 高▼ 否则 数字输出 管脚# 2▼ 设为 低▼ 数字输出 管脚# 9▼ 设为 低▼ 数字输出 管脚# 10▼ 设为 低▼	根据颜色寻找模块，在"控制"栏中找到"如果——执行"模块，点击左上角蓝色设置键，选择"否则"拼上

（3）参考程序代码（如图2-2-14所示）。

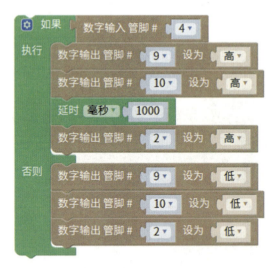

图2-2-14

四、举一反三

请参考今天学习的案例，利用人体红外热释电传感器，设计一个创意项目，解决生活中的问题。

第三节　身高测量仪

一、学习目标

（1）掌握超声波传感器、LCD显示屏的工作原理及其应用。

（2）掌握串口显示、显示屏显示字母、数字等的编程。

（3）能正确应用传感器进行身高测量仪的设计制作。

二、知识储备

身高测量仪

　　身高测量仪，是采用微电脑控制和先进的超声波测量技术，自动测量身高、体重，测量结果数码显示并语间报出。超声波测量仪有两个子模块：测距、显示数据。其中显示数据模块由3部分构成：计数、显示、信号处理。测量主要由超声波传感器完成。将发射和接收的时间差转换为电信号，再由A/D转换器得到数字信号，然后将数字信号送入到计算部分，再到显示。以超声波作为检测手段，必须产生超声波和接收超声波。传感器通过声波的波长和发射声波以及接收到返回声波的时间差就能确定人体的身高，在发送脉冲的同时，接收器的计时器启动并计时，直至接收传感器接收反射回拨后，计数停止，该时间差相当于测量的距离，从而可

图2-3-1

测算出测量仪和头顶之间的距离，即人体的身高（如图2-3-1所示）。

三、创客任务——身高测量仪

（一）任务情境

智能乐园创造营的小朋友们，最近处于旅游淡季，游乐园的经营已经入不敷出了，园长决定减少人员的聘请，想要让景点有身高限制的游乐项目改为自动化，减少人员的开销。你能帮助园长做一个智能的身高测量仪吗？

（二）任务发布

将超声波传感器安装在高230cm的装置处，超声波口朝下，检测下方障碍物的距离，那么人的身高=230-障碍物的距离，利用显示屏将身高值显示出来。

（三）模型设计参考案例

（1）主要材料清单：Arduino主板×1、拓展板×1、超声波传感器×1、LCD1602液晶显示屏×1、杜邦线若干。

（2）器材介绍。

①超声波传感器（如图2-3-2所示）。

超声波测距模块是一种可以测量距离的元器件。通过测量超声波发射与接收所经历的时间来计算超声波与障碍物之间的距离。超声波传感器有四个端口：VCC——接电源正极给传感器供电，GND——接电源负极构成闭合回路，Trig（控制端）——接数字端口，Echo（接收端）——接数字端口

图2-3-2

（注：该超声波模块可提供2—450cm的距离感测，测距精度可达3mm）

② LCD1602液晶显示屏（如图2-3-3所示）。

LCD1602液晶显示屏两行显示，每行16个字符。本模块采用IIC通信方式。模块只有4个接口，分别是：VCC——接电源正极，GND——接电源负极，SCL代表时钟信号端口——接Arduino主控板A5端口，SDA代表数据信号端口——接Arduino主控板A4端口

图2-3-3

（注：①Arduino UNO板的时钟总线为A5端口，数据总线为A4端口，不可更改。因此显示模块的SCL端口接Arduino的A5，SDA端口接Arduino的A4；②0×20为课程所用套件的LCD液晶屏IIC地址，默认地址为0×27，可以通过短接屏幕背面接口板上的A0、A1、A2接口调整IIC地址）

地址修改说明：

A0、A1、A2全部悬空，设备地址为0×27。

短路A0，设备地址为0×26。

短路A1，设备地址为0×25。

短路A2，设备地址为0×23。

……

A0、A1、A2全部短路，设备地址为0×20。

（四）功能实现

1. 利用超声波传感器测出前方障碍物的距离

（1）硬件电路连接。

VCC与GND与其他传感器一样，接+5V和GND即可，Trig是超声波信号触发端，Echo是信号接收端，两者皆接数字端口即可。在这里我们接8、9端口（如图2-3-4所示）。

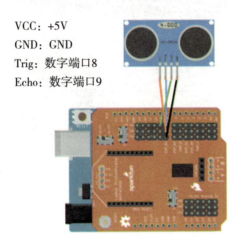

VCC：+5V
GND：GND
Trig：数字端口8
Echo：数字端口9

图2-3-4

实物连接图（如图2-3-5所示）：

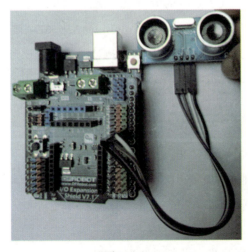

图2-3-5

（2）程序编写（如图2-3-6所示）。

在"传感器"一栏选择 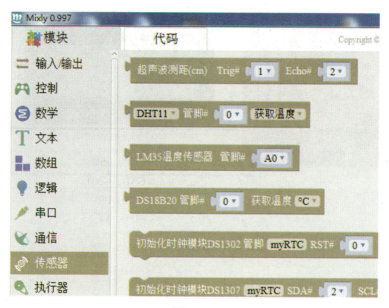 。

图2-3-6

修改端口，与硬件连接一致。程序如图2-3-7所示：

图2-3-7

编译，上传。上传成功后打开串口监视器，移动超声波传感器前方的障碍物（或移动传感器的位置），观察数据是否正常。

（注：此程序上传后得到的值直接是超声波传感器前方障碍物的距离值，单位为cm。当距离不在2—450cm的范围时，则检测不出正确值）

2. 让LCD液晶显示模块显示出"hello，word"的字样

（1）硬件电路连接（如图2-3-8所示）。

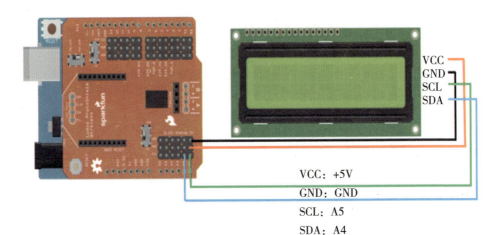

VCC
GND
SCL
SDA

VCC：+5V
GND：GND
SCL：A5
SDA：A4

图2-3-8

实物连接图（如图2-3-9所示）。

图2-3-9

（2）程序编写（如图2-3-10所示）。

在"显示器"一栏选择 初始化 液晶显示屏 1602 ▾ mylcd 设备地址 0x27 。

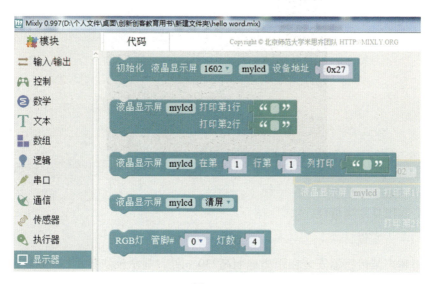

图2-3-10

修改设备地址为0×20。完成初始化设备地址及变量。

再在"显示器"一栏选择  。

在第一行后面的双引号内输入hello，word，代表让显示模块显示"hello，word"的字样。

整个程序（如图2-3-11所示）：

初始化 液晶显示屏 1602 ▾ mylcd 设备地址 0x20
液晶显示屏 mylcd 打印第1行 " hello,word "
                 打印第2行 "   "

图2-3-11

编译，上传。上传成功后会出现如图2-3-12所示效果：

图2-3-12

3.制作身高测量仪

（1）方案设计。

将超声波传感器安装在距离地面高230cm处，显示模块显示230cm与超声波传感器测量值之差。当无人时，超声波传感器测量地面到它的距离为230cm，显示值为0，当有人站到超声波传感器下方时，超声波传感器测量值为超声波与人头的距离，即230cm减去人的身高的值，显示模块显示的值为230cm与超声波测量值之差，即人的身高值。

（2）硬件电路连接（如图2-3-13所示）。

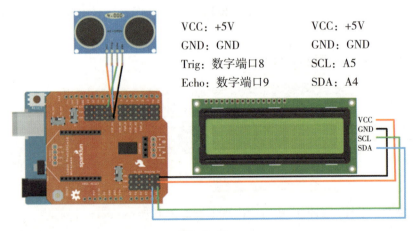

VCC：+5V   VCC：+5V
GND：GND   GND：GND
Trig：数字端口8   SCL：A5
Echo：数字端口9   SDA：A4

图2-3-13

实物连接图（如图2-3-14所示）。

图2-3-14

（3）程序编写。

① 工作流程图（如图2-3-15所示）。

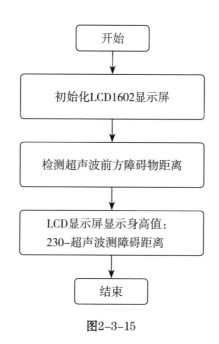

图2-3-15

②程序编写脚本（见表2-3-1）。

表2-3-1

脚本功能	脚本实现	操作说明
初始化LCD1602显示屏及其地址	初始化 液晶显示屏 1602▼ mylcd 设备地址 0x27 SCL 管脚 # A5▼ SDA 管脚 # A4▼	在"显示器"栏中选择"LCD液晶屏"拉出初始化液晶显示屏模块
1.利用检测超声波传感器检测前方障碍物距离 2.用LCD显示屏显示身高值：230-超声波测障碍的距离	初始化 液晶显示屏 1602▼ mylcd 设备地址 0x20 SCL 管脚 # A5▼ SDA 管脚 # A4▼ 液晶显示屏 mylcd 打印第1行 230 ▼ 超声波测距(cm) Trig# 8▼ Echo# 9▼ 打印第2行	在"传感器"栏中选择"超声波测距"模块； 在"显示器"栏中选择液晶显示屏，并输入打印值，然后打印出身高值

③参考程序代码（如图2-3-16所示）。

图2-3-16

四、举一反三

（1）请同学们利用超声波和显示器制作一个测距仪，测量教室的长、宽、高。

（2）创新应用：同学们想想超声波还能制作什么创意作品呢?

第四节　智能停车场

一、课程目标

（1）了解智能停车场的技术原理、方法及应用。

（2）掌握红外避障传感器、舵机的工作原理及其使用方法。

（3）掌握程序的多线程的使用。

（4）掌握播放器喇叭的接线和使用。

二、知识储备

智能停车场管理系统

智能停车场管理系统是现代化停车场车辆收费及设备自动化管理的统称。是将停车场完全置于计算机统一管理下的高科技机电一体化产品。它以感应卡IC卡或ID卡（最新技术有两卡兼容的停车场）为载体，通过智能设备使感应卡记录车辆及持卡人进出的相关信息，同时对其信息加以运算、传送并通过字符显示、语音播报等人机界面转化成人工能够辨别和判断的信号，从而实现计时收费、车辆管理等目的。

根据设计原理智能停车场管理系统可分为三大部分：信息的采集与传输、信息的处理与人机界面、信息的储存与查询。随着科技的不断更新，智能停车场也不断瘦身，功能不断增加。最新的智能停车场厚度只有区区170mm，而且还配备了双发卡、双倍卡量新功能，大大降低了管理的难度，使管理更方便更人性化。

　　智能停车场管理系统配置包括停车场控制器、远距离IC卡读感器、感应卡（有源卡和无源卡）、自动道闸、车辆感应器、地感线圈、通讯适配器、摄像机、MP4NET视频数字录像机、传输设备、停车场系统管理软件等（如图2-4-1—图2-4-3所示）。

图2-4-1

图2-4-2

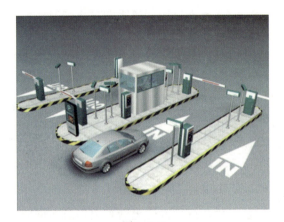

图2-4-3

三、创客任务——智能停车场

（一）任务情境

　　智能乐园创造营的小朋友们，国庆长假来临，务必迎来一大批游客到我们乐园玩耍，游客的来临也给我们的停车场造成一定的负担，人们开到这里经常在找停车位上花费了大量的时间，创造营的小创客们，你们能设计制作一个智能停车场吗？

（二）模型设计参考案例

主要材料清单：Arduino主板×1、拓展板×1、红外避障传感器×8、舵机×2、语音播放器×1、多路继电器×1、LCD显示屏×1、杜邦线若干。

（三）器材介绍

1.红外避障传感器（如图2-4-4所示）

图2-4-4

（1）端口连接方法。

VCC：接电源正极（5V）。

GND：接电源负极。

OUT：接Arduino数字端口。

（2）模块信息。

当模块检测到前方障碍物信号时，电路板上绿色指示灯点亮电平，同时OUT端口持续输出低电平信号，该模块检测距离2—30cm，检测角度35°，检测距离可以通过电位器进行调节，顺时针调电位器，检测距离增加；逆时针调电位器，检测距离减少。

传感器通过红外线反射探测，因此目标的反射率和形状是探测距离的关键，其中黑色探测距离小，白色探测距离大；小面积物体距离小，大面积物体距离大。

传感器模块输出端OUT直接与单片机IO口连接即可，也可以直接驱动一个5V继电器。红外避障传感器是低电平触发，即有障碍物时输出为0，无障碍物时输出为1。

可采用3—5V直流电源对模块进行供电，当电源接通时红色电源指示灯点亮。

具有3mm的螺丝孔，便于固定、安装。

电路板尺寸：3.2cm×1.4cm。

每个模块在发货已经将阈值和比较电压通过电位器调节好了，非特殊情况，请勿随意调节电位器。

2. 舵机（如图2-4-5—图2-4-7所示）

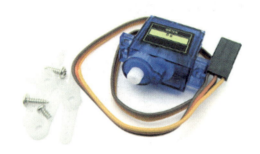

图2-4-5

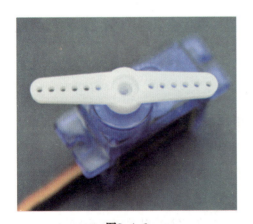

图2-4-6

图2-4-7

舵机是非常常见的动力输出模块，它是可以精准控制位置的电机，舵机旋转带动内部可调电位器（旋转电阻）变化，根据变化的电阻可以确定目前舵机的角度。一般多数舵机旋转的范围是0°—180°。

一般舵机连接的三条线，中间红色线代表VCC接+5V，黄色接信号端口，棕色（或黑色）接GND（如图2-4-8—图2-4-10所示）。

图2-4-8

图2-4-9

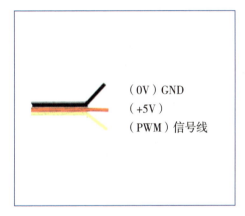

（0V）GND
（+5V）
（PWM）信号线

图2-4-10

3.多路语音播报器（如图2-4-11所示）

图2-4-11

（1）接口说明（如图2-4-12—图2-4-13所示）。

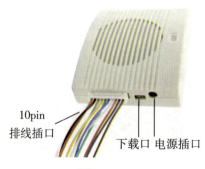

10pin
排线插口

下载口 电源插口

图2-4-12

红色：电源正极（9—12V）　　黑色：电源负极
灰色：公共端　　　　　　　　黄色：信号线1
绿色：信号线2　　　　　　　　蓝色：信号线3
白色：信号线4　　　　　　　　橙色：信号线5
紫色：信号线6　　　　　　　　棕色：信号线7

图2-4-13

（2）接线示意图（如图2-4-14—图2-4-15所示）。

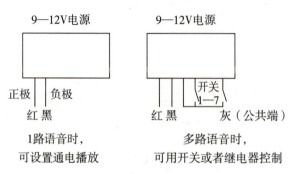

9—12V电源　　　　　　　9—12V电源

正极　负极　　　　　　　　　　　开关
　　　　　　　　　　　　　　　　1—7
红　黑　　　　　　　红　黑　　　灰（公共端）

1路语音时，　　　　　　多路语音时，
可设置通电播放　　　　可用开关或者继电器控制

图2-4-14

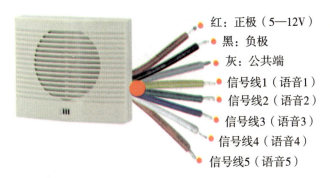

红：正极（5—12V）
黑：负极
灰：公共端
信号线1（语音1）
信号线2（语音2）
信号线3（语音3）
信号线4（语音4）
信号线5（语音5）

哪根信号线跟公共端触碰则播放哪种声音

图2-4-15

（3）语音更新。

① 使用数据线，主机连接到电脑。

② 打开"我的电脑"找到"可移动磁盘"。

③ 双击"可移动磁盘"，把测试音频删除。

④ 拷贝自己需要的语音（mp3格式），文件名为：00001.mp3对应语音1；00002.mp3对应语音2……依次类推，00007.mp3对应语音7。

（4）播放方式解释。

① 脉冲可重复：

触碰一下开始播放，不管触碰多久只播放一遍，在播放的过程中重新触碰则打断当前播放的语音，执行新的命令。

② 脉冲不可重复：

触碰一下开始播放，不管触碰多久只播放一遍，在播放的过程中重新触碰则无效，要播放完后触碰才有效。

③ 电平非保持可循环：

触碰一下开始播放，一直短接着就一直循环播放，断开后把当前语音播放完后就停止播放。

④ 电平保持可循环：

触碰一下开始播放，一直短接着就一直循环播放，断开后立即停止播放。

4.多路继电器（如图2-4-16所示）

图2-4-16

1-6路继电器模块接口说明（如图2-4-17所示）。

插上跳线时，触发使用供电端电源；不插跳线时，触发可使用接外触发电源

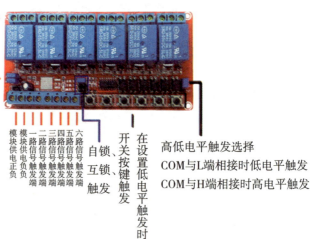

模块供电正负
一路信号触发端
二路信号触发端
三路信号触发端
四路信号触发端
五路信号触发端
六路信号触发端
自锁、互锁触发
开关按键触发
在设置低电平触发时
高低电平触发选择
COM与L端相接时低电平触发
COM与H端相接时高电平触发

图2-4-17

（1）电源输入。

① DC+：模块供电正极，要和继电器电压相同。

② DC-：模块供电负极。

（2）触发端。

① IN1—IN6：对应1—6路继电器触发控制端，支持高或低电平触发。

② TRV+：外接触发电源正极，如要外接触发电源RTV+，与VCC之间的跳线要拔掉。

③ TRV-：外接触发电源负极，如要外接触发电源RTV-，与GND之间的跳线要拔掉。

④ 6个微动开关：对应1—6路继电器测试按键，低电平触发时有效。

⑤ 高/低电平触发选择，当COM与L相接时，低电平触发有效，COM与H端相接时，高电平触发有效。

（3）继电器输出端（如图2-4-18所示）。

① NO1—NO2：继电器常开接口，继电器吸合前悬空，吸合后与COM短接。

② COM1—COM2：继电器公用接口。

③ NC1—NC2：继电器常闭接口，继电器吸合前与COM短接，吸合后悬空。

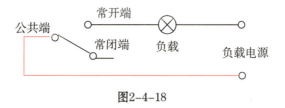

图2-4-18

当继电器没有吸合，继电器的公共端与常闭端接通，负载没电不工作；当继电器吸合时，继电器的公共端与常开端接通，负载有电工作。

（四）硬件电路连接（如图2-4-19所示）

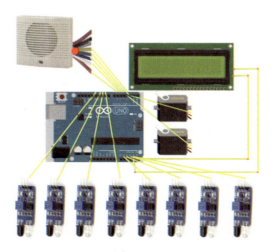

图2-4-19

语音播放器需要另接电源9V，语音线分别接4、5、6、7、8、9，中间利用电磁继电器控制。

红外避障传感器6个分别安装在停车场A1、A2、A3、B1、B2、B3下面检测，接线连接在Arduino的A0、A1、A2、A3、10、11号端口，另外两个红外避障传感器安装在门口出入闸上，检测车辆的进出。舵机接在数字端口2和3。

(五)编写程序

(1)工作流程图(如图2-4-20所示)。

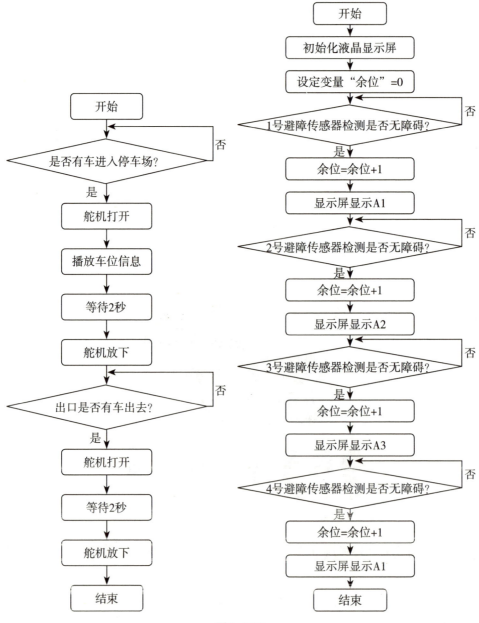

图2-4-20

（2）程序脚本编写（见表2-4-1）。

表2-4-1

脚本功能	脚本实现	操作说明
自动车闸：利用两个红外避障传感器检测车辆的进出；利用两个舵机当作出入口的门闸		1．在"逻辑"栏中选择""模块，进行逻辑判断 2．在"执行器"栏中选择"电机"在里面拉出"舵机"模块，控制舵机旋转到某一角度
实时显示车位信息：利用红外避障传感器安装在停车位前方，从1号开始检测，如果没有车，则余位加1，显示屏显示该车位号。1号红外避障传感器连接在端口A0，代表A区1号位；2号红外避障传感器连接端口A1，代表A区2号位		

续 表

脚本功能	脚本实现	操作说明
提前将要播放的语音内容录制起来，当触发到它们时，便会发出对应的语音，因此当某个停车位是空的状态时，便去触发相关语音播放。因此有车来时执行播放程序，就会播放出全部空车位信息		

（3）参考程序代码。

在程序中，舵机的打开、屏幕的显示是同时进行的，因此程序要使用多线程，包含两个线程，ScoopTask1执行显示功能，每隔1秒显示一次停车场的余位和剩余位置。ScoopTask2执行当检测到有车辆进入停车场时，舵机1打开，并且语音播放剩余车辆信息，当有车开出停车场时，舵机2打开，2秒后放下（如图2-4-21—图2-4-23所示）。

图2-4-21

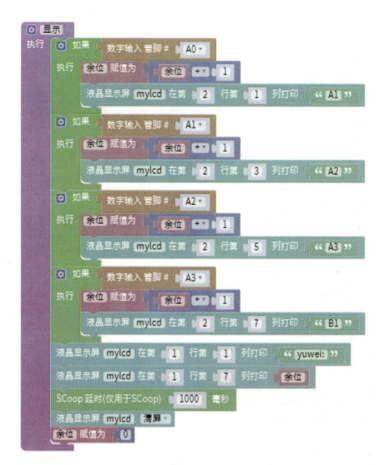

图2-4-22

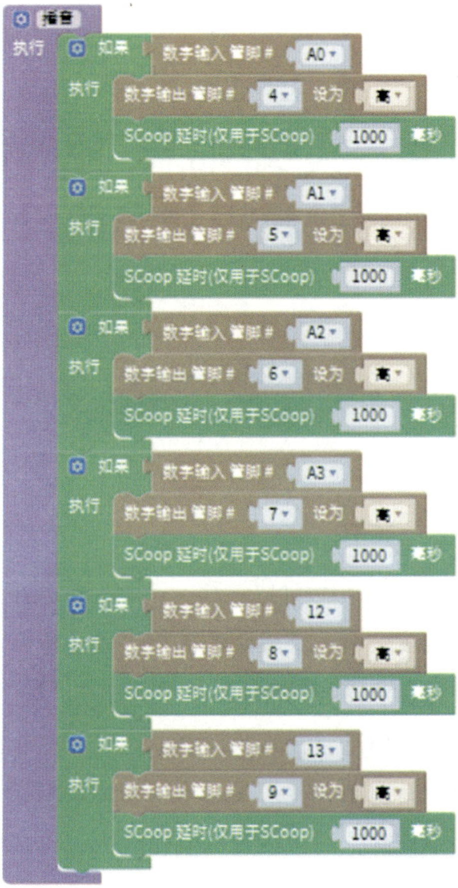

图2-4-23

四、举一反三

停车场除了太难找到车位外，还存在什么问题呢？认真思考停车场还能如何改进，还能增加什么智能化的功能，设计一个未来停车场。

第五节 实践项目：能源抢夺
——无人驾驶机甲战车的设计制作

任务库

一、项目任务

您好，欢迎成功晋级未来工程师成长营——"能源抢夺"项目，公元2200年，我方未来战队受到敌人攻击，未来战队攻击机甲紧急应战，经过长时间对峙，我方攻击机甲能源告急，急需补充能源，一旦攻击机甲没有能源，未来战队基地岌岌可危。据可靠情报信息，在未来战队不远处有一个敌方秘密的能源站，无人侦察机发现该能源站遍布各种机关，人根本无法靠近，未来战队把这个任务交给了未来工程师小分队，通过设计和制作无人驾驶机甲车，由它进去抢夺能源并且找到该能源站的传送区，把抢夺到的能源直接输送给我方攻击机甲，让它继续守候未来战队基地。

二、任务规则

据可靠情报，无人驾驶机甲进入能源站后，穿越丛林（获得能源值30分），进入识别区，无人驾驶机甲车须静止，并且破解暗号，破解方法是按顺序点亮红色灯（持续0.5秒）、黄灯闪烁3次（每次间隔0.5秒）、点亮绿色灯（持续0.5秒），成功通过识别区后（获得能源值30分），无人驾驶机甲车需要避开雷区（获得能源值40分），然后去寻找能源传送区把抢夺到的能源值传送到我方攻击机甲上，已知该能源站有5大能源传送区，能源值传送效率分别为100%、

90%、80%（如图2-5-1所示）。

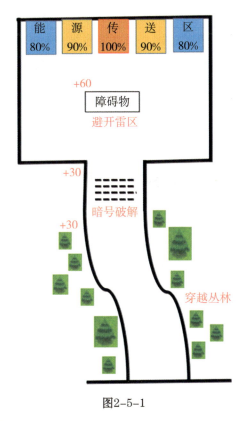

图2-5-1

三、任务分析

1. 你的"装备库"

电动曲线锯、电动台钻、砂光机、美工刀、剪刀、雕刻刀、螺丝刀套装、木工凿、锉刀、钢锯、线锯、锂电钻、钢尺、微型手持电磨、热熔胶枪、铁锤、铁钳、尖嘴钳、斜口钳、老虎钳、电烙铁。

2. 你的"材料库"

椴木板、方木条、1—3cm长度铁钉、热熔胶、扎带、自攻螺丝、Arduino主控板、Arduino扩展板、超声波传感器、红外传感器、循迹传感器、温度传感器、光敏传感器、电机驱动模板、舵机、减速直流马达、小车轮胎、万向轮、9V电池盒及9V电池、马达固定片、KT板、船型开关、M3螺母、螺钉、铜柱、杜邦线。

根据材料库提供的材料，利用装备库的工具进行加工，我们可利用木板、木条、KT板等材料进行小车外观的设计制作。利用Arduino主控板、Arduino扩展板、超声波传感器、红外传感器、循迹传感器、电机驱动模板、舵机、减速直流马达、小车轮胎、万向轮、9V电池盒及9V电池等材料进行小车驱动、循迹避障等功能的实现。利用马达固定片、KT板、M3螺母、螺钉、铜柱等去连接各部分元器件。

四、明确任务

任务一：组队并选出组长

未来工程师们，你们好，现在你们需要找好小伙伴，三人组成一组，并选出你们的小组长进行统筹任务（见表2-5-1）。

表2-5-1

组名		组长	
组员			

任务二：设计你的机甲战车外观并给它取名字（见表2-5-2）

表2-5-2

组名		战车名	
战车设计图：			
战车设计说明：			
创新点：			

任务三：确定你的机甲战车要完成的功能

（1）控制电机转动，编程实现电机前进、后退、左转、右转等。

（2）穿越丛林：根据地图两边的黑色线，利用传感器进行循迹走路。

（3）破解暗号：红、黄、蓝LED灯各一个，连接在不同的端口，编程控制红灯亮等待0.5秒，红灯灭，黄灯闪烁3次，绿灯亮。

（4）避开雷区：利用传感器去检测障碍物，当检测到障碍物时执行绕开障碍物的步骤。

（5）能量传送：寻找能源传送区，并且让你的机甲战车停在这个区域。

五、评价方式

1.团队成长值获取

方案设计及展示、研究报告及作品展示、挑战任务完成进行评定，满分100分。［设计方案展示（10%）、研究报告（工程日记）展示（20%）、作品展示（10%），现场任务挑战赛比赛（60%）］

2.个人成长值获取

学习态度、参与度、领导力、沟通与合作四方面进行评定，满分100分。［学生学习态度（15%），如按时上课、主动学习、按时完成任务等；参与度（20%），如积极参与小组讨论、主动承担任务；领导力（40%），如关键问题解决中被采纳的个人建议或方案、担任关键问题首席技术官等；沟通与合作（25%），如主动分享、认真倾听、敢于质疑，善于沟通、图样表达、图文表达等，通过小组成员互评、自评、导师评价完成此评价］

未来工程师成长值=团队成长值+个人成长值，未来工程师成长值积累达到170分，即有条件申报进入下一个未来工程师成长营项目。

根据个人评价和团队评价，对学生分别给予优秀、良好、合格、不合格的课程评价，同时评选出最佳设计师、最佳首席技术官、最佳研究员等个人荣誉称号，任务挑战赛前三名团队分别授予"未来卓越工程师""未来优秀工程师""未来潜力工程师"荣誉称号及奖牌。

材 料 库

欢迎各位未来工程师们来到我们的材料工厂，在这里为你提供了各种耗材、传感器、螺丝钉等，根据你的需求，选择相关材料去完成你的各种机甲战车的设计与制作。

一、Arduino主控器

1. Arduino是什么

Arduino是一款便捷灵活、方便上手的开源硬件，Arduino可以接收来自各种传感器的输入信号从而做到监测环境的效果，通过控制灯光、马达和其他的装置来反馈、影响环境。板子上的微控制器可以通过Arduino的编程语言来编写程序，编译成二进制文件，烧录进微控制器（如图2-5-2所示）。

图2-5-2

2. 认识Arduino

图中标出的数字口和模拟口，即为常说的I/O。数字口有0—13，模拟口有0—5。除了最重要的I/O口外，还有电源部分。UNO可以通过两种方式供电，一种通过USB供电，另一种是通过外接6—12V的DC电源。除此之外，还有4个LED灯和复位按键，稍微说下4个LED。ON是电源指示灯，通电就会亮了。L是接在数字口13上的一个LED。TX、RX是串口通讯指示灯，比如我们在下载程序的过程中，这两个灯就会不停闪烁（如图2-5-3所示）。

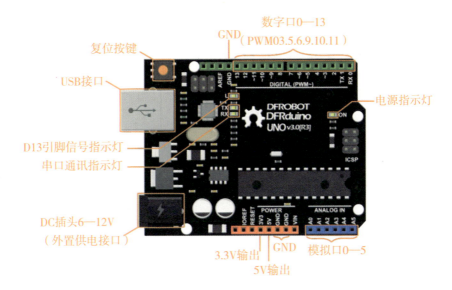

数字口0—13
（PWM03.5.6.9.10.11）

复位按键

USB接口

电源指示灯

D13引脚信号指示灯

串口通讯指示灯

DC插头6—12V
（外置供电接口）

3.3V输出

5V输出

GND

GND

模拟口0—5

图2-5-3

二、超声波模块

超声波传感器是将超声波信号转换成其他能量信号（通常是电信号）的传感器，超声波测距模块通常被用于测量距离、感知障碍物的元器件。它通过测量超声波发射与接收所经历的时间来计算超声波与障碍物之间的距离。我们提供的HC-SR04超声波模块可提供2—450cm的距离感测，测距精度可达3mm（如图2-5-4所示）。

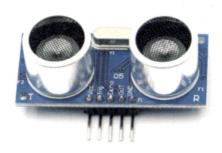

图2-5-4

三、红外避障传感器

红外避障传感器有一对红外线发射与接收管，发射管发射出一定频率的红外线，当检测方向遇到障碍物（反射面）时，红外线反射回来被接收管接收。它常用于安装在小车上，判断前方是否有障碍物（如图2-5-5所示）。

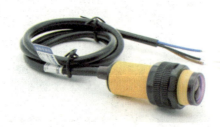

图2-5-5

四、循迹传感器模块

循迹传感器采用的是一左一右两个红外传感器。具体的检测原理是跑道黑线吸收光，红外传感器接收不到返回的数据，经施密特触发器整形后输出高电平。场地区域为白色反射所有光，传感器发射的红外光遇场地反射，接收管接收到反射光，经施密特触发器整形后输出低电平（如图2-5-6所示）。

图2-5-6

五、TT马达

TT马达，也就是电动机，电动机是把电能转换成机械能的一种设备。它是利用通电线圈（定子绕组）产生旋转磁场并作用于转子鼠笼式闭合铝框形成磁电动力旋转扭矩。电动机工作原理是磁场对电流受力的作用,使电动机转动。工作电流100mA,而Arduino的工作电流是50mA,如果要用Arduino控制马达,则无法提供足够的功率去驱动电机运转,因此需要配合电机驱动板L298N(如图2-5-7所示)。

图2-5-7

六、电机驱动板L298N

L298N电机驱动模块,采用L298N芯片,可以直接驱动两路3—30V直流电机,并提供了5V输出接口,可以给5V单片机电路系统供电,支持3.3VMCU控制,可以方便地控制直流电机速度和方向,也可以控制两相步进电机(如图2-5-8所示)。

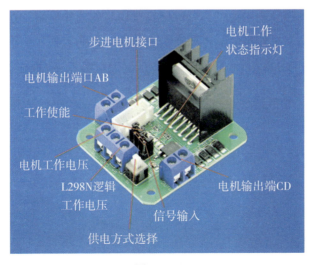

图2-5-8

七、舵机

DF9GMS是一款360°微型舵机。舵机内部采用塑料齿轮传动，轻便小巧。可用于各类应用及DIY制作中，诸如小车、船、风车等。配合主控板能够控制舵机的旋转方向和旋转速度，不能控制旋转角度（如图2-5-9—图2-5-10所示）。

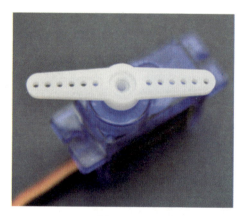

图2-5-9　　　　　　　　　　　　　　　　　　图2-5-10

八、椴木板

木板结构坚硬、易于加工，是许多日常用品的制作材料。在这里我们可以选用厚木板作为小车底板的制作材料，利用薄一点的木板作为小车制作的其他用途，如用于支撑电机、用于外观设计上的辅助材料等（如图2-5-11所示）。

图2-5-11

九、方木条

实验室提供长为1m的方木条，宽有1.5cm×1.5cm、1.5cm×2.0cm、2.0cm×2.0cm等大小规格。可用于车身制作的材料、装饰用的材料等（如图2-5-12所示）。

图2-5-12

十、轮胎

与TT马达配合，组成轮子，可实现让小车移动（如图2-5-13所示）。

66mm   26.6mm

图2-5-13

十一、履带轮

与马达配合，组成小车的轮子，可实现让小车移动（如图2-5-14所示）。

图2-5-14

十二、各种螺丝、螺母

自攻螺丝、盘头螺丝、螺母等，主要用于固定元器件（如图2-5-15所示）。

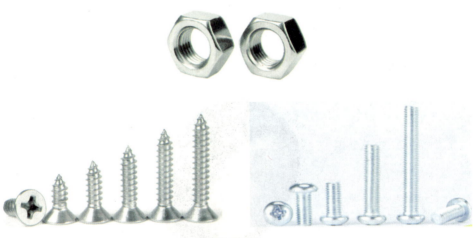

图2-5-15

十三、双通六角铜柱

实验室提供大小为M3×5—M3×30mm的双通六角铜柱，可用于固定传感器电路板等元器件（如图2-5-16所示）。

图2-5-16

十四、单头六角铜柱

实验室提供大小为M3×5—M3×30+6mm的单头六角铜柱,可用于固定传感器电路板等元器件(如图2-5-17所示)。

图2-5-17

十五、铁钉

实验室提供16.7—40mm的不锈钢钉可选择,利用不锈钢钉可进行连接木条等(如图2-5-18所示)。

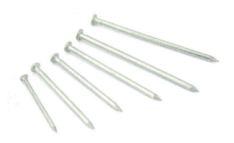

图2-5-18

十六、万向轮

万向轮就是所谓的活动脚轮，它的结构允许水平360°旋转（如图2-5-19所示）。

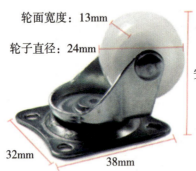

轮面宽度：13mm
轮子直径：24mm
安装高度：32mm
32mm
38mm

图2-5-19

装 备 库

欢迎各位未来工程师们来到我们的装备库，这里给各位未来工程师们提供了各种各样的"武器"，你们可以利用这些武器装备对材料进行加工，制作一辆属于自己的机甲战车。

一、拉花手锯（曲线锯）

主要用于加工不规则形状的工件，可以锯切胶木、密度板、塑料板、橡胶板、杂木、夹板、实木夹板、松木花筒、泡沫板等（如图2-5-20所示）。

图2-5-20

二、钢锯（木工锯）

钢锯是钳工的常用工具，可切断较小尺寸的圆钢、角钢、扁钢和工件等，主要用于锯割金属材料也可用于锯割小块木头、塑料制品等（如图2-5-21所示）。

图2-5-21

三、锂电钻

锂电钻里边有锂电池可以充放电，携带方便且无须插插头电便可使用，它可用于给不太坚硬的材料钻孔，也可用于螺丝的拧紧和松开，使拧松螺丝快速方便（如图2-5-22所示）。

图2-5-22

四、热熔胶枪

和其他黏合剂不同的是，热熔胶能够光滑地附着在物体表面，会很快变硬，并且能将各种不同的材料牢牢地粘在一起。热熔胶枪粘接木材或者塑料的效果良好，热熔胶枪被广泛地在手工创作中使用，但是热熔胶枪不能用于粘移动的部件，或者是重物（如图2-5-23所示）。

图2-5-23

五、电烙铁

电烙铁是电子制作的必备工具，它可以把焊料熔化掉以后用在两个金属物体上，把两个电子元器件连接起来，所以它的主要用途是焊接元件及导线，另外电烙铁一般需要配合焊锡、松香、清洁海绵等使用（如图2-5-24所示）。

图2-5-24

六、电动曲线锯

电动曲线锯是锯的一种，在板材上可按曲线进行锯切的一种电动往复锯，配用曲线锯条，对木材、金属、塑料、橡胶、皮革等板材进行直线和曲线锯割（如图2-5-25所示）。

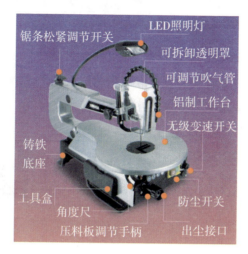

锯条松紧调节开关
LED照明灯
可拆卸透明罩
可调节吹气管
铝制工作台
无级变速开关
铸铁底座
工具盒
角度尺
压料板调节手柄
防尘开关
出尘接口

图2-5-25

七、台式钻床

台式钻床，简称台钻，可安放在作业台上，主轴垂直布置的小型钻床。是一种体积小巧，操作简便，通常安装在专用工作台上使用的小型钻孔加工机床。台式钻床主要做中小型零件钻孔、扩孔、铰孔、攻螺纹、刮平面等工作；主要用于加工不规则形状的工件，可以锯切胶木、密度板、塑料板、橡胶板、杂木、夹板、实木夹板、松木花筒、泡沫板等（如图2-5-26所示）。

图2-5-26

八、3D打印机

3D打印机，即快速成形技术的一种机器，它是一种以数字模型文件为基础，运用粉末状金属或塑料等可黏合材料，通过逐层打印的方式来构造物体的技术。通过三维建模后，3D打印机可以自动、快速、直接和精确地将计算机中的设计转化为模型，甚至直接制造零件或模具，不再需要传统的刀具、夹具和机床，就可以打造出任意形状的小型产品（如图2-5-27所示）。

图2-5-27

九、数控激光切割机

数控激光切割机是一种智能化的切割设备，操作人员只需要在电脑上导入需要切割的图样，启动机器，机器就会自动运行，对需要加工的板材进行精准切割的设备一体化操作。数控激光切割机相比传统切割，具有高精度、智能化、便捷等优势，配合电脑制图可以直接加工各种各样的图案（如图2-5-28所示）。

图2-5-28

技 能 库

一、让小车跑起来

（一）驱动系统

1.硬件电路连接

马达的工作电流是100mA，而Arduino主控板工作的输出电流是50mA，无法提供足够的功率去驱动电机运转，因此这里需要用电机驱动板L298N来驱动马达（如图2-5-29—图2-5-30所示）。

图2-5-29

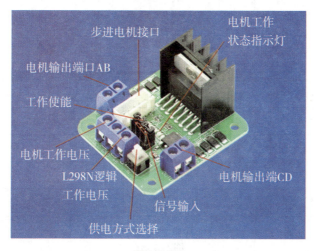

图2-5-30

如图2-5-30所示：利用Arduino模拟端口5、6、9、10作为控制端，连接L298N板的IN1、IN2、IN3、IN4，L298N板的OUT1、OUT2端连接左电机，OUT3、OUT4端连接右电机。

2. 马达驱动方法

电机驱动板的OUT1、OUT2、OUT3、OUT4控制马达的转动。当两个马达同时正转时前进，同时反转时后退，左边反转（或不动），右边正转时左转弯，右边反转（或不动），左边正转时右转弯。

（注意：我们的小车是靠两个电机来提供驱动动力的，这两个电机的安装方式呈对称方向，所以如果想要让小车的两个轮子转向相同就要控制两个电机的转向相反）

3. 控制小车运动方法

（1）驱动板的IN1高电平，IN2低电平时左电机M1正转，IN3高电平，IN4低电平时右电机M2正转，M1、M2都正转时小车前进。

（2）驱动板的IN1低电平，IN2低电平时左电机M1不转，IN3高电平，IN4低电平时右电机M2正转，M1不转M2正转时小车左转。

（3）驱动板的IN1高电平，IN2低电平时左电机M1正转，IN3低电平，IN4低电平时右电机M2不转，M1正转M2不转时小车右转。

（4）驱动板的IN1低电平，IN2低电平时左电机M1不转，IN3低电平，IN4低电平时右电机M2不转，M1不转M2不转时小车停止（如图2-5-31—图2-5-32所示）。

电机M1		电机M2		
状态	IN1	IN2	IN3	IN4
前进	高	低	高	低
左转	低	低	高	低
右转	高	低	低	低
停止	低	低	低	低

图2-5-31

思考

如何控制小车后退呢?

图2-5-32

(二)驱动系统编写程序

参考程序:

1. 前进(如图2-5-33所示)

图2-5-33

2. 后退(如图2-5-34所示)

图2-5-34

3. 左转(如图2-5-35所示)

图2-5-35

4. 右转（如图2-5-36所示）

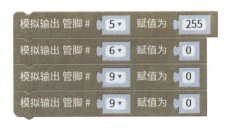

图2-5-36

二、循迹

（一）循迹模块及接线连接

1. 循迹模块（如图2-5-37所示）

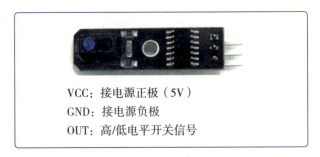

VCC：接电源正极（5V）
GND：接电源负极
OUT：高/低电平开关信号

图2-5-37

2. 硬件电路连接图（如图2-5-38所示）

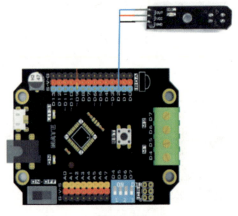

图2-5-38

3. 功能测试

（1）在Arduino上选择一个数字端口，三个端口在拓展板上对应接上，利用串口打印将循迹模块的数值打印出来（如图2-5-39所示）。

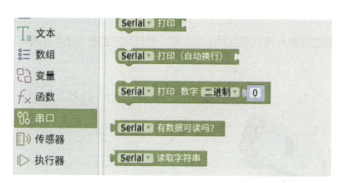

图2-5-39

（2）参考程序（如图2-5-40所示）。

图2-5-40

在你的工程师日记本上写出你测试中的发现（见表2-5-3）：

表2-5-3

时间：	星期：
循迹模块测试中我发现：	
1.	
2.	
3.	
4.	
5.	
6.	
7.	

（注：循迹模块检测的距离是1—2cm，当距离太大时相当于是检测到黑色）

4. 循迹方案设计（见表2-5-4）

表2-5-4

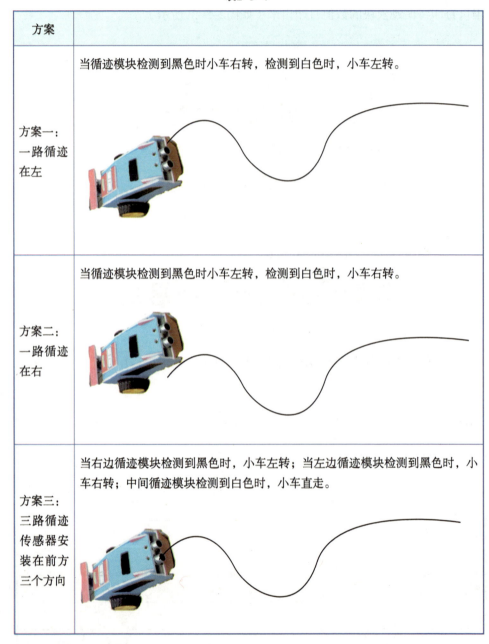

方案	
方案一： 一路循迹 在左	当循迹模块检测到黑色时小车右转，检测到白色时，小车左转。
方案二： 一路循迹 在右	当循迹模块检测到黑色时小车左转，检测到白色时，小车右转。
方案三： 三路循迹 传感器安 装在前方 三个方向	当右边循迹模块检测到黑色时，小车左转；当左边循迹模块检测到黑色时，小车右转；中间循迹模块检测到白色时，小车直走。

5.循迹程序编写（以方案一为例）（见表2-5-5—表2-5-6）

表2-5-5

【知识加油站】

函数的定义

在前面的程序中，当小车要按一定的控制指令走，小车的程序太过冗长，程序阅读不方便，并且有些程序是重复的。我们可以将一段经常需要使用的程序封装起来，在需要使用时可以直接调用，这就是程序中的函数

在"函数"模块中选择 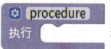 并修改函数名为"前进"，编程前进函数

代码内容

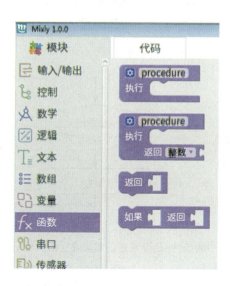

表2-5-6

【知识加油站】

条件结构

在这里需要对循迹模块检测到的值进行判断，因此用到米思齐里的判断模块

在"控制"里找到"如果—执行"模块并将其拉出

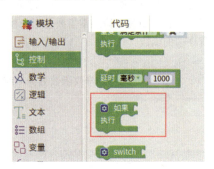

条件结构有两种类型：

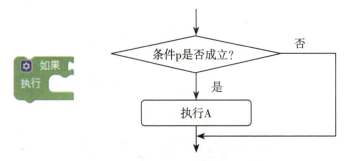

在这里的选择结构判断框中的条件p是否成立，如果成立则执行A框，不成立便不执行内容直接继续往下执行下面的程序

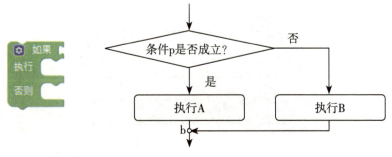

在这里的选择结构根据判断框中的条件p是否成立来选择执行A框或者B框，执行完A框或者B框操作后经过b点脱离该选择结构

（1）程序流程图（如图2-5-41所示）。

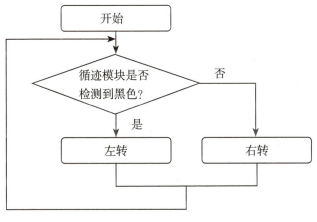

图2-5-41

（2）程序编写（如图2-5-42所示）。

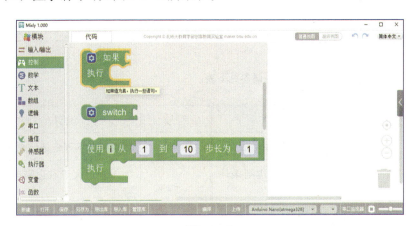

图2-5-42

"如果"代码块位于"控制"模块分类中。"执行"右侧的口插入当判断条件为"真"时执行的代码；当判断条件的结果为"假"时，则不执行这段代码（如图2-5-43所示）。

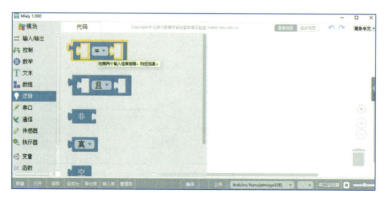

图2-5-43

　　"比较运算"代码块位于"逻辑"模块分类中。包括大于、等于、小于、小于等于、不等于、大于等于等多种逻辑判断运算（见表2-5-7，如图2-5-44所示）。

表2-5-7

【知识加油站】

Mixly中涉及的比较运算符号和说明请参见下表：

符号	说明	符号	说明
=	如果两者相等则条件成立	≠	如果两者不等则条件成立
<	如果左边小于右边则条件成立	>	如果左边大于右边则条件成立
≤	如果左边不大于右边则条件成立	≥	如果左边不小于右边则条件成立

在Mixly中，"高""真""1"这三个概念是一致的；"低""假""0"这三个概念也是一致的。

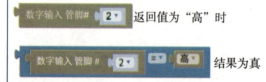

图2-5-44

（3）程序分析（如图2-5-45所示）。

判断条件
检测到黑色？

结果为真时执行的代码，即检测到黑色时左转4

结果为假时执行的代码，即检测到黑色时右转4

图2-5-45

三、避障

（一）超声波避障——超声波功能使用

1. 硬件连接（如图2-5-46所示）

VCC：+5V
GND：GND
Trig：数字端口8
Echo：数字端口9

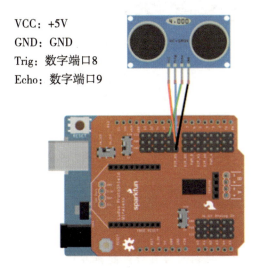

图2-5-46

2. 实物连接图（如图2-5-47所示）

图2-5-47

3. 程序编写

（1）在"传感器"一栏选择（如图2-5-48所示）。

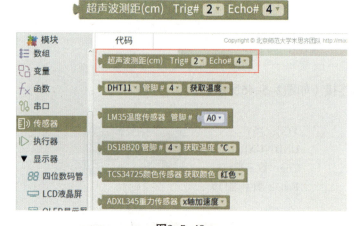

图2-5-48

（2）修改端口，与硬件连接一致。程序如图2-5-49所示：

图2-5-49

（注：此程序上传后得到的值直接是超声波传感器前方障碍物的距离值，单位为cm）

（二）红外避障传感器——红外传感器使用

1.硬件电路连接（如图2-5-50所示）

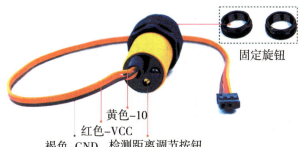

固定旋钮

黄色-10

红色-VCC

褐色-GND 检测距离调节按钮

红色线：接电源正极（VCC）
褐色线：接电源负极（GND）
黄色线：接数字端口

图2-5-50

2.程序编写

（1）编写串口打印程序（如图2-5-51所示）。

图2-5-51

（2）打开串口监视器，将障碍物置于红外避障传感器前端，当出现1时代表检测到障碍物，当出现0时代表前方没有检测到障碍物。一边用螺丝刀拧检测距离调节按钮，一边观察串口、监视串口，调节到你要的合适距离。

实践库

各位未来的工程师们，经过前面各轮的学习，终于来到了我们的实践基地！在这里，你将利用你的所学，根据实验室的材料和装备，制作属于你的机甲战车，并完成各级挑战赛！

每个小组在制作与调试的同时，也要完成属于自己的工程师成长日记。

一、机甲战车底座设计制作

（一）制作分析

智能小车的底板用于安装车轮、传感器，放置主控板、电池等硬件设备，要求结构稳固、硬度大、易于加工。因此这里选用木板作为制作材料。在制作工艺上，小车底板需要切割材料较多，利用手动工具精度差、耗时长，因此这里采用电动曲线锯作为切割工具、台钻作为钻孔工具（如图2-5-52—图2-5-53所示）。

图2-5-52

图2-5-53

（二）制作实践

1. 底板参考案例

小车可选用方形木板作为底板，使用两轮驱动可以选用左图的形式，使用四轮可选用右图的形式，利用电钻钻孔安装传感器等元件（如图2-5-54所示）。

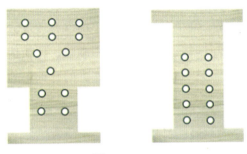

图2-5-54

2. 实际底板制作（见表2-5-8）

表2-5-8

研究任务	技术CEO
底板设计图： 设计理念： 车轮传感器布局安排：	制作步骤：
存在的问题：	解决方法：

二、机甲战车外观设计制作

外观方案构思

1. 方案构思方法

（1）构思方法一：模仿法。

同学们在设计制作一辆小车时，虽然以前没有做过，但是我们都见过很多车，坐过车。因此在设计时我们可以依葫芦画瓢，用模仿的方法按讲过的车的模样去设计制作，即仿形；我们也可以将熟悉的几种车的不同部分重新组合起来成一种新型车。

用模仿法进行方案构思在日常生活中比较常见，如模仿叶片的齿状制作锯子；利用蝙蝠回声定位原理制作雷达等（如图2-5-55所示）。

图2-5-55

（2）构思方法二：组合法。

20世纪后半叶，世界重大创新发明成果80%以上是组合成果，可见组合法在创新创造活动中，占有重要地位。组合的可能性无穷无尽，因此运用组合法，可以形成无数的新设想、新产品。"组合即创造"，这是日本人的观点。日本靠外来技术，组合出许多世界一流产品。如领先的合成纤维，钢铁技术。采用组合，是要使组合体得到更强的功能，更好的性能。

利用组合法设计的创新型产品（如图2-5-56所示）：

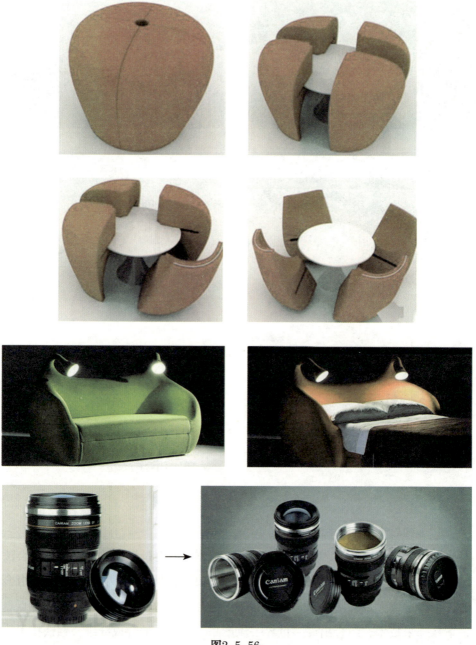

图2-5-56

想一想（如图2-5-57所示）：

小车+香蕉=?

小车+鞋子=?

小车+铅笔=?

小车+蟒蛇=?

图2-5-57

2. 小车外观设计构思

大胆想象是工程设计里的可贵品质，各位未来工程师们，要成为一名优秀的工程师，必须敢于想象，敢于创新。请展开你们的想象，未来的车外观有可能是什么样的呢？请在你的工程师日记本上画出你的设计图（见表2-5-9）。

表2-5-9

小组：	技术CEO：
机甲战车名：	
设计图： 创意说明： 	
备注：	

3. 小车外观制作实践（见表2-5-10）

表2-5-10

研究任务：	技术CEO：
所选耗材： 写出实践制作的步骤： 	
存在的问题： 1. 2. 3. ……	解决方法：

三、机甲战车功能设计制作

（一）"穿越丛林"

1. 设计分析

根据挑战赛地图所示，"穿越丛林"路段两边是黑色线，中间是白色区域，路线是曲线，难以用直接前进、转弯的形式完成，因此我们利用循迹传感器去识别黑线，并反馈给主控板控制轮子的运动。

2. 设计方案

要完成循迹运动的功能，可以有多少种方案？小组内讨论并写下你们讨论的方案（见表2-5-11）。

表2-5-11

研究任务：	技术CEO：
方案A：	
方案B：	
方案C：	

3. 方案的筛选与权衡（见表2-5-12）

表2-5-12

	优点	缺点
方案A		
方案B		
方案C		

在以上设计的方案中，分析其优缺点并选择最优方案。

4.实践制作

连接电路、安装传感器，编写程序，进行循迹运动功能测试（见表2-5-13）。

表2-5-13

研究任务	技术CEO
程序流程图： 具体实践步骤：	测试1： 测试2： 测试3：
测试发现的问题：	解决方法：

5. 调试与改进

（1）小车前进时两个轮子因为硬件问题存在速度差，因此走直线时会往某一个方向偏，这时候需要根据实际情况调整两个轮子的速度值。

（2）转弯时当左右两轮的速度值相差越大时转弯的轨迹曲率就越大。根据你要走的路径，调试好恰当的曲率（如图2-5-58所示）。

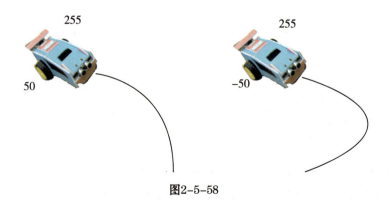

图2-5-58

在调试过程中你还有什么其他发现吗？你是如何改进的？（见表2-5-14）

表2-5-14

研究任务	技术CEO
调试发现：	改进策略：

（二）暗号破解

1. 设计分析（如图2-5-59所示）

图2-5-59

小车"穿越丛林"后来到"暗号破解"关卡，在这里需要识别地图上的黑色虚线，当识别到黑色虚线时小车静止，按顺序点亮红色灯（持续0.5秒）、黄灯闪烁3次（每次间隔0.5秒）、点亮绿色灯（持续0.5秒）。对于地图上的黑色虚线的检测，我们可以应用前面学到的循迹模块进行检测，控制LED灯的变化可选用Arduino的三个数字端口进行控制。

同学们进一步思考一下，"暗号破解"与"穿越丛林"又该如何结合起来呢？这两个功能如何合成一个程序？（如图2-5-60所示）

又该如何与前面"穿越丛林"的功能一起合起来呢？

图2-5-60

123

在整个功能的逻辑关系中，先判断前方的循迹模块是否检测到黑色，如果是的话执行"暗号破解"的程序，否则的话持续判断侧面的循迹传感器是否检测到黑色虚线，执行循迹的程序。

2. 设计方案

小组内讨论，思考在Mixly编程中如何实现小车启动后能自动循迹，并且在前方检测到黑色虚线时执行亮灯程序。将你们讨论得到的方案写在下面工程师成长日记表格中（见表2-5-15）。

表2-5-15

研究任务	技术CEO
方案A： 方案B：	

3. 实践测试

在小车上安装传感器、连接电路、编写程序进行测试并将测试过程记录在工程师成长日记表格中（见表2-5-16）。

表2-5-16

研究任务	技术CEO
程序流程图： 具体实践步骤：	测试1： 测试2： 测试结论：
测试发现的问题：	解决方法：

4. 调试与改进

在任务挑战赛地图的调试过程中，你遇到哪些问题？你的车是否会循迹循到一半便执行避障程序？你的战车是否会一直循迹没办法避障？（见表2-5-17）

表2-5-17

研究任务	技术CEO
调试出现的问题：	改进策略：

第 三 章

基于掌控板的"AI+物联网"项目设计与制作

第一节　远程开门

一、学习目标

（1）了解物联网的技术原理、实现方法及应用。

（2）掌握物联网平台Easy IoT的使用方法。

（3）学会根据项目主题选择合适的传感器等硬件设备，编程实现远程开门功能。

二、知识储备

（一）什么是物联网

伴随着人工智能、大数据、云计算等互联网技术的发展，智能生活的时代正在到来。但是现在，相比于互联网这个耳熟能详的词语，人们更喜欢用一个新鲜的词语——物联网。那么物联网是什么呢？

物联网概念最早出现于比尔·盖茨1995年《未来之路》一书，在《未来之路》中，比尔·盖茨已经提及物联网概念，只是当时受限于无线网络、硬件及传感设备的发展，并未引起世人的重视。

物联网是从互联网的基础上发展而来，顾名思义，互联网解决了人与计算机的交互、人与人的连接，随着互联网技术的普及，又诞生了可以连接人与物的物联网。物联网时代有一句很火的话揭示了其本质：沟通无所不在。

在互联网时代，接入互联网的设备是电脑、手机；而在物联网时代，几乎任何东西都可以接入物联网中。物联网在生活中的应用随处可见，例如智能汽车、智能家居、智能工厂、智能医院、智能学校等。物联网概述如图3-1-1所示。

图3-1-1

　　物联网是新一代信息技术的重要组成部分，IT行业又叫：泛互联，意指物物相连，万物万联。由此，"物联网就是物物相连的互联网"。这有两层意思：第一，物联网的核心和基础仍然是互联网，是在互联网基础上的延伸和扩展的网络；第二，其用户端延伸和扩展到了任何物品与物品之间，进行信息交换和通信。因此，物联网的定义是通过射频识别、红外感应器、全球定位系统、激光扫描器等信息传感设备，按约定的协议，把任何物品与互联网相连接，进行信息交换和通信，以实现对物品的智能化识别、定位、跟踪、监控和管理的一种网络。

　　物联网的应用十分广泛，在工业、农业、环境、交通等领域的作用举足轻重，目前应用比较成熟的领域有智能交通、实时路况系统、高速路口ETC自动收费系统、智慧停车系统等，有效解决了城市交通拥堵的问题，缓解了交通压力。此外，智能家居也随着宽带业务、5G的普及而成为家庭中的基础应用，利用手机等客户端远程操控家中设备，即使出门在外，也能实时监控家中的任何情况。物联网在智能家居中的应用如图3-1-2所示。

图3-1-2

（二）什么是物联网云平台

一般情况下，用手机无法和非同一个局域网下的其他硬件设备直接点对点通信，这个时候就需要一个位于互联网上的服务器做中转，这个服务器就是物联网云平台，要实现物联网，就不得不了解一下物联网云平台。

EasyIoT就是一个常用的国际化物联网服务平台http：//IoT.dfrobot.com.cn/。

EasyIoT的特点：

- 上手简单，即看即用。
- 有PC端和移动端，国内国外随时随地使用。
- 兼容多种硬件。
- 支持HTTP或MQTT通信。
- 提供配套硬件（Obloq）、库文件和示例程序。
- 完善的使用示例文档。
- 帮助入门者迅速开始一个物联网项目的实践。

首次使用EasyIoT：

1. 注册账号

首次使用Easy IoT需要进行账号注册。打开EasyIoT官网，注册账号并登录（如图3-1-3—图3-1-4所示）。

图3-1-3

图3-1-4

2. 添加设备

登录后选择"工作间"，点击图中"+"，添加一个新设备。这个新设备就是需要连入物联网的设备（如图3-1-5所示）。

图3-1-5

3.获取IoT账号、密码和新设备Topic

点击页面中的小眼睛图标，可以看到IoT账号和密码。记录这里的IoT账号、密码和Topic，后面需要填写到软件程序中（如图3-1-6所示）。

图3-1-6

（注：这个账号是Easy IoT的账号，用于物联网通讯）

（三）什么是掌控板

掌控板（英文名：mPython）是一块Micro Python微控制器板，专为物联网设计，板载ESP32双核芯片，支持WiFi和蓝牙双模通信，板上集成1.3英寸OLED显示屏、加速度计、地磁传感器、声、光传感器、蜂鸣器、2个物理按键、6个触摸按键，除此之外，还有一个阻性输入接口，方便接入各种阻性传感器，丰富多样的传感器和小体积的尺寸、结合蓝牙和WiFi双无线通讯，可现实不同的物联网应用场景。掌控板由创客教育专家委员会推出，是国内第一款专为编程教育而设计的开源硬件（如图3-1-7所示）。

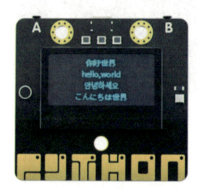

图3-1-7

它集成了ESP32高性能双核芯片，支持WiFi和蓝牙双模通信。外观布局如图3-1-8—图3-1-9所示。

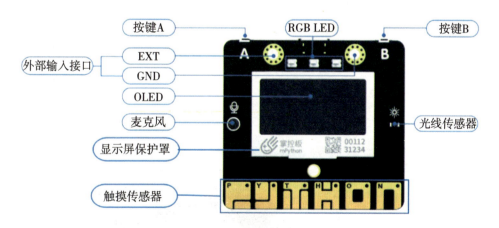

图3-1-8

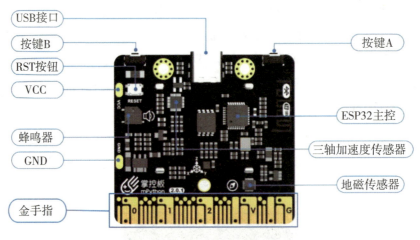

图3-1-9

ESP32是一系列低成本、低功耗的单片机微控制器，集成了WiFi和双模蓝牙。ESP32系列采用Tensilica Xtensa LX6微处理器，包括双核心和单核变体，内置天线开关，RF变换器，功率放大器，低噪声接收放大器，滤波器和电源管理模块。

ESP32由总部位于上海的中国公司乐鑫信息科技创建和开发，由台积电采用40纳米技术制造。它是ESP8266微控制器的后继产品。

ESP32是一款非常适合作为物联网产品开发的微控制器，自带WiFi和Bluetooth功能，也适合作为当下时代电子爱好者或者极客的入门选择（如图3-1-10所示）。

图3-1-10

（四）Mind+是什么？

Mind+是一款拥有自主知识产权的国产青少年编程软件，支持掌控板、Arduino、micro：bit等各种开源硬件，兼容Scratch3.0，支持AI与IoT功能，只需要拖动图形化程序块即可完成编程，还可以使用Python/C/C++等高级编程语言，让大家轻松体验创造的乐趣。

在Mind+官网下载该软件（如图3-1-11所示）。

图3-1-11

Mind+的核心特点：

• 支持原生态Scratch3.0图形化编程平台。

• 支持Arduino、micro：bit、掌控板等多种开源硬件。

• 集成几十种传感器和执行模块，并不断增长中。

• 支持Python、C等多种代码编译环境，并可一键生成代码。

（五）连接掌控板

首次连接掌控板到Mind+需要做4步准备工作：

1. 切换模式

打开Mind+后，切换到"上传模式"，然后点击左下角"扩展"（如图

3-1-12所示）。

图3-1-12

2. 安装主控板

在弹出的窗口中，首先切换到"主控板"；然后选择"掌控板"；最后在弹窗中点击"安装"，等待编译器安装完成。

3. 连接设备

驱动安装完成后，将掌控板通过数据线连接到电脑，"连接设备"下将出现一个COM口，点击这个"COMxx-CP210x"即可（如图3-1-13所示）。

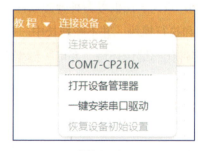

图3-1-13

4. 安装驱动

若第一次使用掌控板，需安装驱动，按照提示安装即可（如图3-1-14所示）。

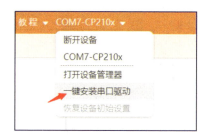

图3-1-14

（六）开始编程

Mind+支持对掌控板的图形化编程和代码编程。

（1）选择"arduino C"，选择"自动生成"标签（如图3-1-15所示）。

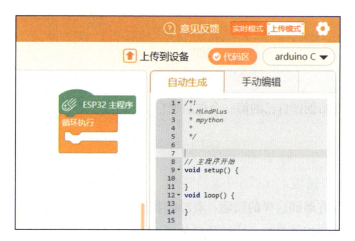

图3-1-15

（2）拖动模块即可自动生成代码，可以选择查看菜单"教程"中的"示例程序"。编程完毕后点击"上传到设备"，等待上传完成（如图3-1-16所示）。

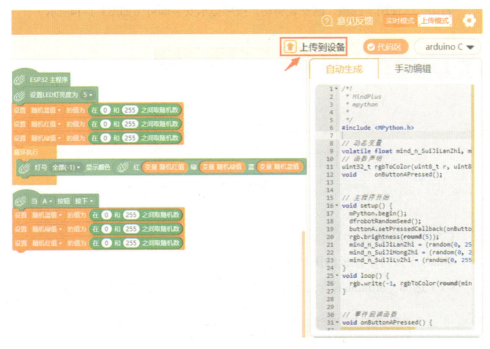

图3-1-16

现在，开始创作自己的第一个作品吧！

三、创客任务——远程开门

（一）任务情境

大家有没有遇到这样的问题：有时候我们出门在外，快递员上门取件，却被楼下的防盗门拒之门外，这样的门禁很不方便！我们利用物联网技术，通过手机或者电脑实现远程开门，从而解决这个问题。

（二）硬件准备

1.材料清单

掌控板1个、电脑1台、扩展板1个、舵机1个。

2. 硬件连接（如图3-1-17所示）

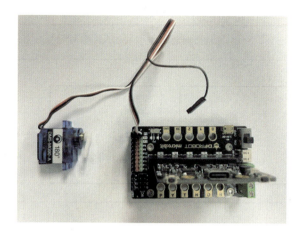

图3-1-17

（三）编写程序

1. 工作流程（如图3-1-18所示）

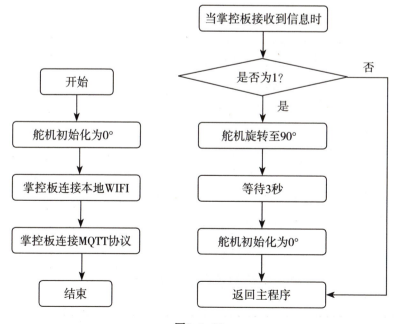

图3-1-18

2. 程序编写脚本（见表3-1-1）

表3-1-1

脚本功能	脚本实现	操作说明
物联网云平台Easy IoT添加设备	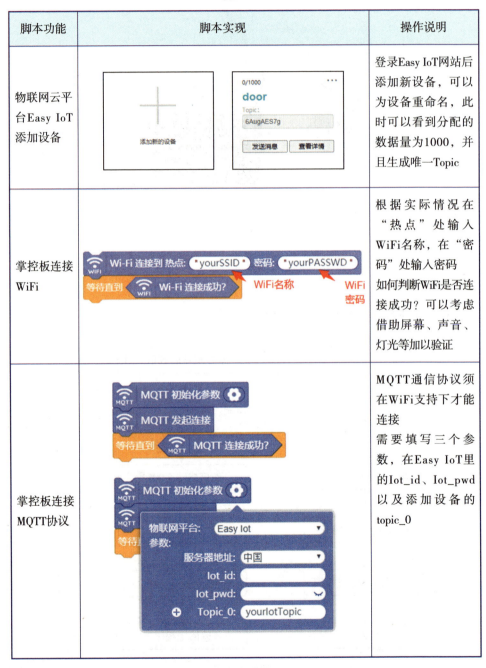	登录Easy IoT网站后添加新设备，可以为设备重命名，此时可以看到分配的数据量为1000，并且生成唯一Topic
掌控板连接WiFi		根据实际情况在"热点"处输入WiFi名称，在"密码"处输入密码 如何判断WiFi是否连接成功？可以考虑借助屏幕、声音、灯光等加以验证
掌控板连接MQTT协议		MQTT通信协议须在WiFi支持下才能连接 需要填写三个参数，在Easy IoT里的Iot_id、Iot_pwd以及添加设备的topic_0

续　表

脚本功能	脚本实现	操作说明
当Easy IoT平台接收到信息"1"时，舵机转动90°		当掌控板接收到信息时，如果信息为1，表示可以开门，此时舵机旋转90°，注意：需补充舵机恢复状态的程序哦

3. 参考程序代码（如图3-1-19所示）

图3-1-19

（四）作品测试及优化

1. 成品图

初始状态（如图3-1-20所示）。

图3-1-20

在Easy IoT平台上发送消息"1"（如图3-1-21所示）。

图3-1-21

舵机转动表示开门，3秒后，恢复初始状态（如图3-1-22所示）。

图3-1-22

2. 作品优化

经过优化后，用顺序结构取代了选择结构，结构更简单，算法复杂度更低（如图3-1-23所示）。

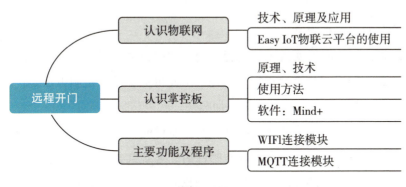

图3-1-23

四、项目小结（如图3-1-24所示）

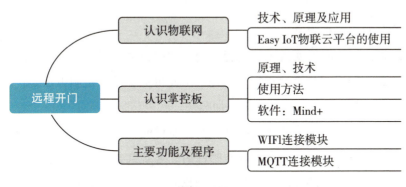

图3-1-24

五、项目拓展

物联网除了用于远程开门，还可以远程开灯、远程浇花……请参考本节案例，选择一个你感兴趣的选题，动手制作一个物联网项目吧！

第二节　智慧班牌

一、课程目标

（1）了解物联网的技术原理、方法及应用。

（2）掌握两个掌控板之间的信息传递的方法。

（3）学会根据项目主题选择合适的传感器等硬件设备，编程实现电子班牌功能。

二、知识储备

1. 物联网的信息传递

上节课通过物联网实现了"远程开门"功能，请思考一个问题：出门在外的我们，怎么知道门是否远程打开了呢？由此可见，反馈机制很重要，能让物联网中的硬件等终端的交流和运转更加顺畅。

以收发邮件为例，以前我们给别人发送邮件时，总会担心邮件是否发送成功。随着邮箱服务升级，当我们发送邮件后，系统会显示邮件的状态是否已送达。这就是反馈机制的体现。这样的反馈机制还有许多，如发送信息时显示对方是否已读，网上支付时通过弹窗提醒是否已经完成支付……因此，在设计作品时，我们也要融入反馈机制的思想，多考虑用户体验，让作品更人性化。

此外，物联网的核心是终端和终端的交流，物联网平台作为两者交流的媒介，起到数据传送、控制的作用，一般用户无法直接使用或接触。站在用户角度，在设计物联网作品时我们应考虑终端与终端的互连。物联网信息传递如图3-2-1所示。

图3-2-1

2. 智慧校园建设

智慧校园是指以促进信息技术与教育教学融合、提高学与教的效果为目的，以物联网、云计算、大数据分析等新技术为核心技术，提供一种环境全面感知、智慧型、数据化、网络化、协作型一体化的教学、科研、管理和生活服务，并能对教育教学、教育管理进行洞察和预测的智慧学习环境。智慧校园概述图如图3-2-2所示。

图3-2-2

智慧校园的应用多种多样，主要包括以下几种：

（1）智能校门：云数据平台，人事考勤、访客登记、校园呼叫、信息发布、门禁安防综合智能管理值班室。

（2）校园门禁：集校园内宿舍、教学楼、图书馆、体育场、设备房、仓库、机房、实验室、办公室使用的门禁控制设备对接通道闸机等的各式控制模式。

（3）智慧班牌：集合数据收集及数据共享的信息化平台。

三、创客任务——智慧班牌

（一）任务情境

"电子班牌"又称智慧班牌，是一种终端显示设备，悬挂于教室门口。多用来显示班级活动、班级信息以及学校的通知信息，主要表现为文字、图片、多媒体内容、flash动画等，为学生和老师提供现代化的师生交流及校园管理平台。

过去没有电子班牌，家长想要联系学生，总要通过班主任，自从每个教室门口都安上了电子班牌，家长联系孩子时可以发送消息到电子班牌，学生刷卡即可查看。对于科任老师，想提醒学生带东西、调课等事项时，也常常需要跑一趟到班上，非常麻烦。请利用掌控板给老师们设计一套电子班牌，通过Easy IoT平台发送通知，并显示。刷校卡使用电子班牌如图3-2-3所示。

图3-2-3

（二）硬件准备

1. 材料清单

掌控板2个、电脑1台。

2. 硬件连接（如图3-2-4所示）

图3-2-4

（三）编写程序

1. 工作流程图

掌控板A为"教师端"（如图3-2-5所示），掌控板B为"学生端"（如图3-2-6所示），两个终端的具体流程图。

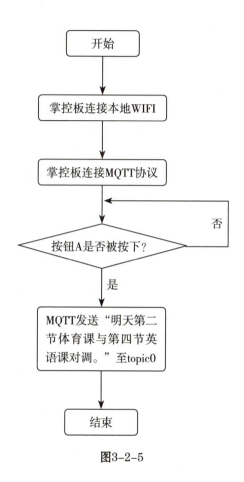

图3-2-5

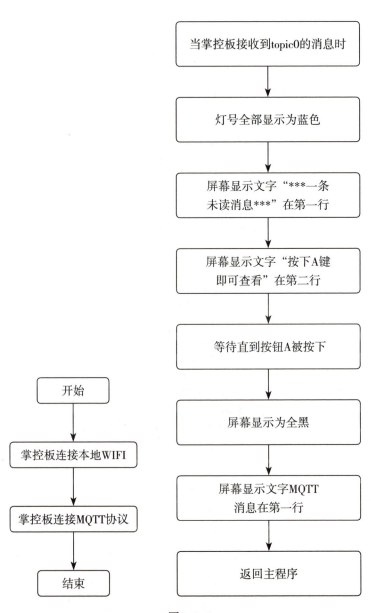

图3-2-6

2.程序编写脚本（见表3-2-1）

表3-2-1

脚本功能	脚本实现	操作说明
物联网云平台Easy IoT添加设备	请参考上一节	—
掌控板连接WiFi	请参考上一节	—
掌控板连接MQTT协议	请参考上一节	由于收发信息均借助同一物联网设备，故两个掌控板应接同一个topic
中断事件：学生端接收到教师端发送的消息		主程序在执行过程中，如果触发了中断事件，会形成断点，并转而执行中断程序，执行完毕后继续回到主程序断点处，继续执行
学生端查看教师端发送的消息		

3. 参考程序代码

（1）教师端（如图3-2-7所示）。

图3-2-7

（2）学生端（如图3-2-8所示）。

图3-2-8

（四）作品测试及优化

1. 作品初始界面（如图3-2-9所示）

图3-2-9

2. 教师端按下A键后（如图3-2-10所示）

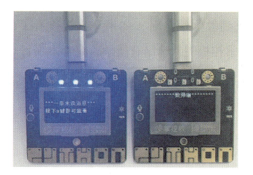

图3-2-10

3. 学生端按下A键后（如图3-2-11所示）

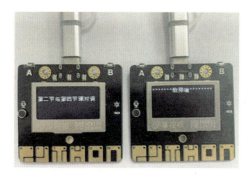

图3-2-11

四、项目小结（如图3-2-12所示）

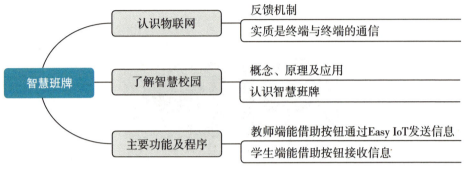

图3-2-12

五、项目拓展

当电子班牌接收到教师信息时，如果该班级查看了信息，能否发送信息"信息已读"到教师掌控板呢？请结合所学，完善本项目。

第三节　防疫助手

一、课程目标

（1）了解物体分类的技术原理及使用方法。

（2）能根据需要确定图片集进行学习和自动训练。

（3）能正确选择相关传感器和硬件设备，通过编程实现智能口罩识别。

（4）能应用人工智能技术原理，自主拓展项目。

二、知识储备

1. 人工智能摄像头

HuskyLens二哈识图是一款简单易用的AI视觉传感器，内置7种功能：人脸识别、物体追踪、物体识别、巡线追踪、颜色识别、标签识别、物体分类。仅需一个按键即可完成AI训练，摆脱烦琐的训练和复杂的视觉算法，让你更加专注于项目的构思和实现。

HuskyLens板载UART/I2C接口，可以连接到Arduino、LattePanda、micro：bit等主流控制器，实现硬件无缝对接。HuskyLens直接输出识别结果给控制器，你无须折腾复杂的算法，就能制作非常有创意的项目。二哈识图接口与按键说明如图3-3-1—图3-3-2所示。

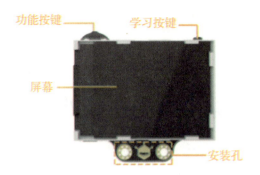

图3-3-1

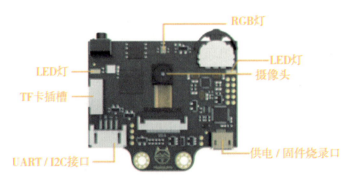

图3-3-2

功能按键与学习按键的基本操作如下：

（1）向左或向右拨动"功能按键"，切换到不同的功能。

（2）短按"学习按键"，学习指定的物体；长按"学习按键"，从不同的角度和距离持续学习指定的物体；如果HuskyLens之前学习过，则短按"学习按键"，可让HuskyLens忘记当前功能下所学的。

（3）长按"功能按键"，进入当前功能的二级菜单参数设置界面，向左、向右拨动或向下短按"功能按键"即可设置相关参数。

2."物体分类"功能的使用及应用

二哈识图的物体分类功能可以学习不同物体的多张照片，然后内部使用机器学习算法进行训练。训练完成后，当摄像头再次出现学习过的物体时可以识别出来并显示他的ID号，学习得越多，识别越精准。

物体分类可以应用于日常生活的许多场景，如我们可以用它做手势识别，当用户做出相应手势时，可以控制开门、开灯等。此外，看起来非常难实现的垃圾分类功能，通过机器学习就能简单地实现，结合舵机就可以模拟出真正的垃圾分类功能。利用物体分类实现手势识别如图3-3-3所示。

图3-3-3

三、创客任务——防疫助手

（一）任务情境

自新冠肺炎疫情暴发以来，许多场馆、公共区域严格执行进出必须戴口罩的规定，我们拟借助智能摄像头的"物体分类"，在无人值勤的情况下，能自动检测进出人员是否佩戴口罩。

当检测到有人不戴口罩时，发出警报，亮红灯提醒；当戴了口罩时，则亮绿灯，表示可以通行。为了更好地了解目前佩戴口罩的情况，还可以借助物联网技术，统计不戴口罩、佩戴普通口罩及佩戴N95口罩的数量等数据以供防疫参考。

（二）硬件准备

1.材料清单

掌控板1个、电脑1台、扩展板1个、舵机1个。

2.硬件连接（如图3-3-4所示）

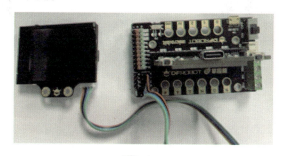

图3-3-4

3.训练学习

第一步，学习训练。切换到物体分类功能，按下学习按钮，学习样本图片1，长按可以学习多张不同角度的图片，推荐30张以上，学习越多越准确，松开学习完毕自动训练；接下来学习样本图片2，同样学习30张以上，松开学习完毕自动训练（如图3-3-5—图3-3-6所示）。

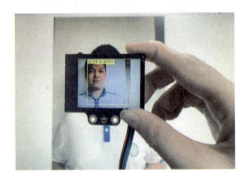 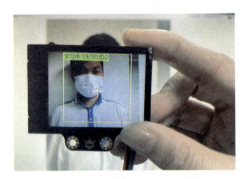

图3-3-5　　　　　　　　　　　　　　　　图3-3-6

第二步，识别测试。识别完毕之后将二哈对准图片1和图片2，将分别显示1和2说明摄像头成功分辨了这两类图片（如图3-3-7—图3-3-8所示）。

 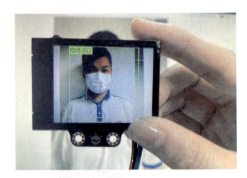

图3-3-7　　　　　　　　　　　　　　　　图3-3-8

（三）编写程序

1. 工作流程图（如图3-3-9所示）

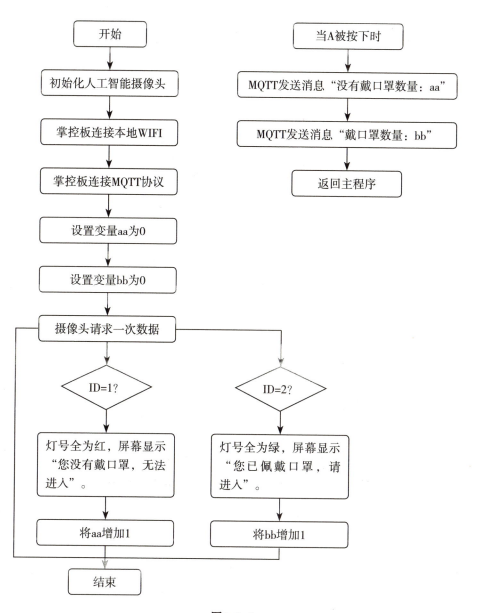

图3-3-9

2. 程序编写脚本（见表3–3–1）

表3–3–1

脚本功能	脚本实现	操作说明
设置变量aa用于统计没戴口罩人数	设置 aa▾ 的值为 0	
设置变量bb用于统计戴口罩人数	设置 bb▾ 的值为 0	
识别到对象没戴口罩时，亮红灯	如果 HuskyLens 从结果中获取靠近中心 方框▾ 的 ID▾ 参数 = 1 那么执行 灯号 全部(-1)▾ 显示颜色 ● 屏幕显示文字 "您没有戴口罩，无法进入。" 在第 1 行 将 aa▾ 增加 1	
识别到对象戴口罩时，亮绿灯	如果 HuskyLens 从结果中获取靠近中心 方框▾ 的 ID▾ 参数 = 2 那么执行 灯号 全部(-1)▾ 显示颜色 ● 屏幕显示文字 "您已佩戴口罩，请进入。" 在第 1 行 将 bb▾ 增加 1	
按下按钮A时，发送变量aa和bb	当 A▾ 按钮 按下 MQTT 发送消息 合并 "没有戴口罩数量：" 变量 aa 至 Topic 0▾ MQTT 发送消息 合并 "戴口罩数量：" 变量 bb 至 Topic 0▾	

3.参考程序（如图3-3-10所示）

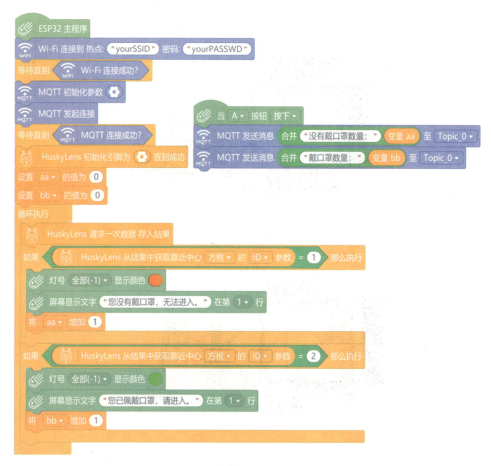

图3-3-10

（四）作品测试及优化

1.作品测试

当扫描到用户没有戴口罩时（如图3-3-11所示）。

图3-3-11

当扫描到用户戴口罩时（如图3-3-12所示）。

图3-3-12

Easy IoT平台接收到的数据（如图3-3-13所示）。

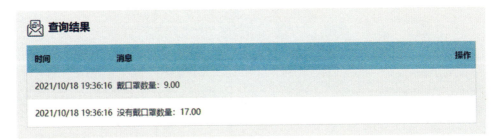

图3-3-13

2. 作品优化

尝试运行上述程序，会发现由于摄像头请求一次数据的时间太快，当识别到一个用户时，会进行多次计数，影响结果准确性；此外，发送数据后，如何将计数变量aa和bb清零呢？（如图3-3-14所示）

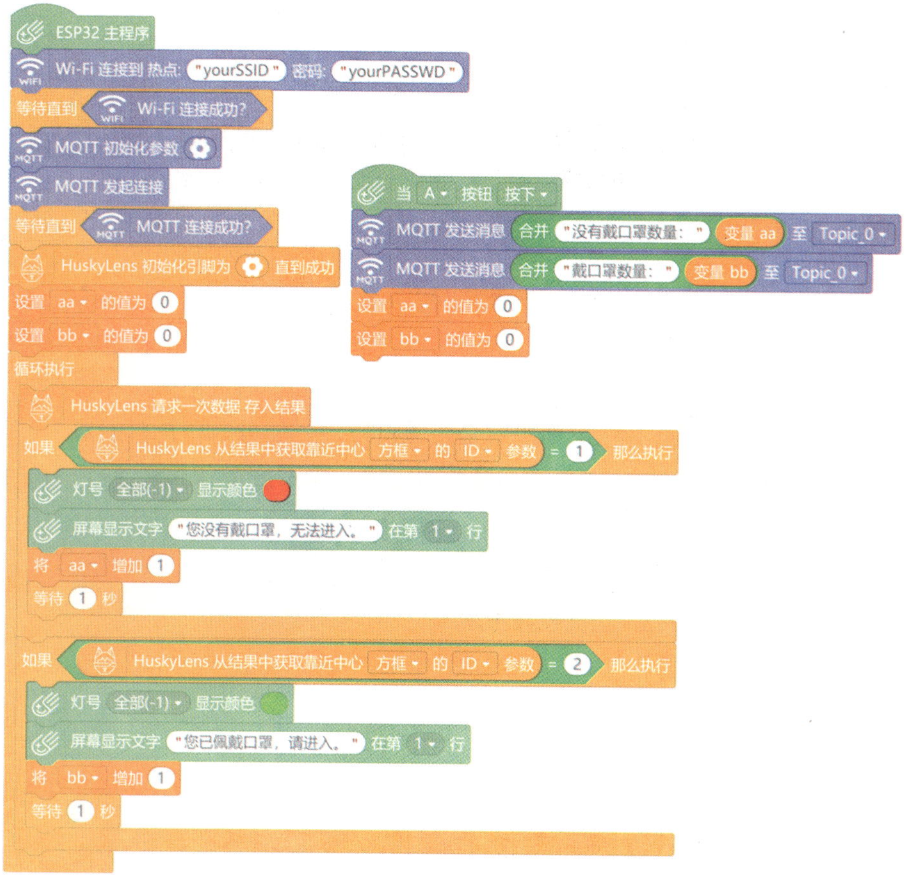

图3-3-14

四、项目小结（如图3-3-15所示）

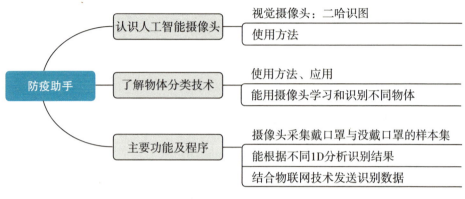

图3-3-15

五、项目拓展

物体分类技术除了可以识别用户是否戴口罩，还能分辨用户戴的口罩是普通口罩还是N95口罩。尝试确定一个戴普通口罩的样本集和一个戴N95口罩的样本集，制作一个升级版的智能口罩防疫助手吧！

第四节　AI考勤系统

一、课程目标

（1）了解人脸识别的技术原理、方法及应用。

（2）能使用智能摄像头进行人脸学习及识别。

（3）能理解智能摄像头的程序模块并完成识别程序的编写。

（4）能正确选择相关传感器和硬件设备，通过编程实现人脸识别签到系统。

（5）能应用人脸识别技术原理，自主拓展项目。

二、知识储备

（一）人脸识别技术

人脸识别技术是指利用分析比较的计算机技术识别人脸。人脸识别是一项热门的计算机技术研究领域，其中包括人脸追踪侦测，自动调整影像放大，夜间红外侦测，自动调整曝光强度等技术。

人脸识别技术是基于人的脸部特征，对输入的人脸图像或者视频流，首先判断其是否存在人脸，如果存在人脸，则进一步地给出每个脸的位置、大小和各个主要面部器官的位置信息。并依据这些信息，进一步提取每个人脸中所蕴含的身份特征，并将其与已知的人脸进行对比，从而识别每个人脸的身份。

具体工作过程如图3-4-1所示：

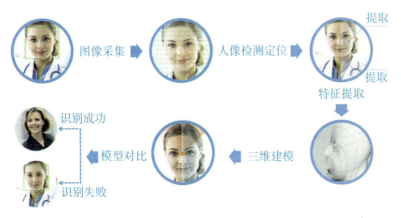

图3-4-1

目前人脸识别技术的应用包括：

企业、住宅安全和管理，如人脸识别门禁考勤系统、人脸识别防盗门、电子护照及身份证。公安、司法和刑侦，如利用人脸识别系统和网络，在全国范围内搜捕逃犯。自助服务，如银行的自动提款机，如果同时应用人脸识别就会避免被他人盗取现金现象的发生。信息安全，如计算机登录、电子政务和电子商务。在电子商务中交易全部在网上完成，电子政务中的很多审批流程也都搬到了网上。

而当前，交易或者审批的授权都是靠密码来实现。如果密码被盗，就无法保证安全。如果使用生物特征，就可以做到当事人在网上的数字身份和真实身份统一，从而大大增加电子商务和电子政务系统的可靠性。

（二）利用智能摄像头学习人脸

1.学习多个人脸

将HuskyLens屏幕中央的"+"字对准需要学习的人脸，长按"学习按键"完成第一个人脸的学习（各个角度）。松开"学习按键"后，屏幕上会提示：再按一次按键继续！按其他按键结束。如要继续学习下一个人脸，则在倒计时结束前短按"学习按键"，可以继续学习下一个人脸。如果不再需要学习其他人脸了，则在倒计时结束前短按"功能按键"即可，或者不操作任何按键，等待倒计时结束。

如果需要继续学习下一个人脸，那么在倒计时结束前短按"学习按键"。然后将HuskyLens屏幕中央的"+"字对准需要学习的下一个人脸，长按"学习按键"完成第二个人的脸的学习。以此类推。HuskyLens标注的人脸ID与录入人脸的先后顺序是一致的，也就是：学习过的人脸会按顺序依次标注为"人脸：ID1"，"人脸：ID2"，"人脸：ID3"，以此类推，并且不同的人脸ID对应的边框颜色也不同（如图3-4-2所示）。

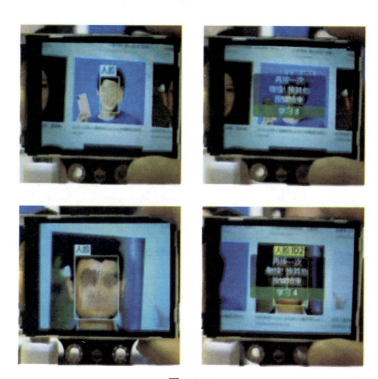

图3-4-2

2.识别多个人脸

HuskyLens学习过的人脸信息会自动保存起来。后续，当HuskyLens检测到学习过的人脸时，会将这些人脸用方框框选出来并标识ID，第一个学习的人脸标注为"人脸：ID1"，第二个学习的人脸标注为"人脸：ID2"，第三个学习的人脸标注为"人脸：ID3"，以此类推。不同的人脸ID对应的边框颜色也不同，边框大小会随着人脸大小而变化，并自动追踪人脸（如图3-4-3所示）。

图3-4-3

三、创客任务——AI考勤系统

（一）任务情境

当进入某个场馆参加活动时，传统签到方式一般是纸质签到，随着互联网技术的发展，很多场馆也开始使用扫码签到的方式。但是这些签到方式存在冒名顶替、虚假签到的问题，尤其在一些正式严谨的场合，容易造成不良影响。

请结合人脸识别技术，设计一个"AI考勤系统"，要求至少录入五张人脸，当识别到对应人脸时，能在屏幕上显示"×××签到成功！"，当识别的人脸不匹配时，在屏幕上显示"您不在签到对象范围内！"，当摄像头没有人物出现时，屏幕显示"无可识别对象！"。

（二）硬件准备

1. 材料清单

掌控板1个、电脑1台、扩展板1个、HuskyLens1个。

2. 硬件连接（如图3-4-4所示）

图3-4-4

（三）编写程序

1. 工作流程图（如图3-4-5所示）

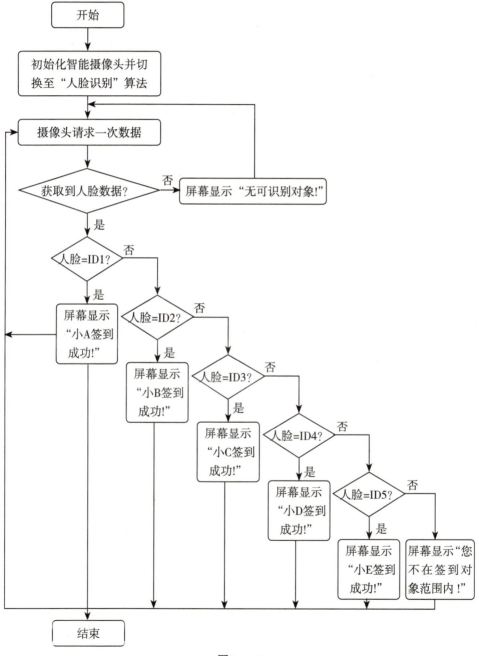

图3-4-5

2. 程序编写脚本（见表3-4-1）

表3-4-1

脚本功能	脚本实现	操作说明
摄像头切换至"人脸识别"算法	HuskyLens 切换到 人脸识别 ▾ 算法 直到成功	因摄像头每次只能执行一种算法，故需先切换算法
判断是否画面中有人脸信息	如果 HuskyLens 从结果中获取 方框 ▾ 是否在画面中？ 那么执行 否则 屏幕显示为 全黑 ▾（清屏） 灯号 全部(-1) ▾ 显示颜色 ● 屏幕显示文字 "无可识别对象！" 在第 1 ▾ 行 等待 0.5 秒	当画面中有人脸信息时，可以继续进行判断；否则，提示"无可识别对象！"
判断人脸是否是已录入的参数（ID1、ID2、ID3、ID4、ID5）	如果 ◆ 那么执行 否则 如果 ◆ 那么执行 ⊖ 否则 如果 ◆ 那么执行 ⊖ 否则 如果 ◆ 那么执行 ⊖ 否则 如果 ◆ 那么执行 ⊖ 否则 ⊖ ⊕	这里使用多选择结构实现

3. 参考程序代码（如图3-4-6所示）

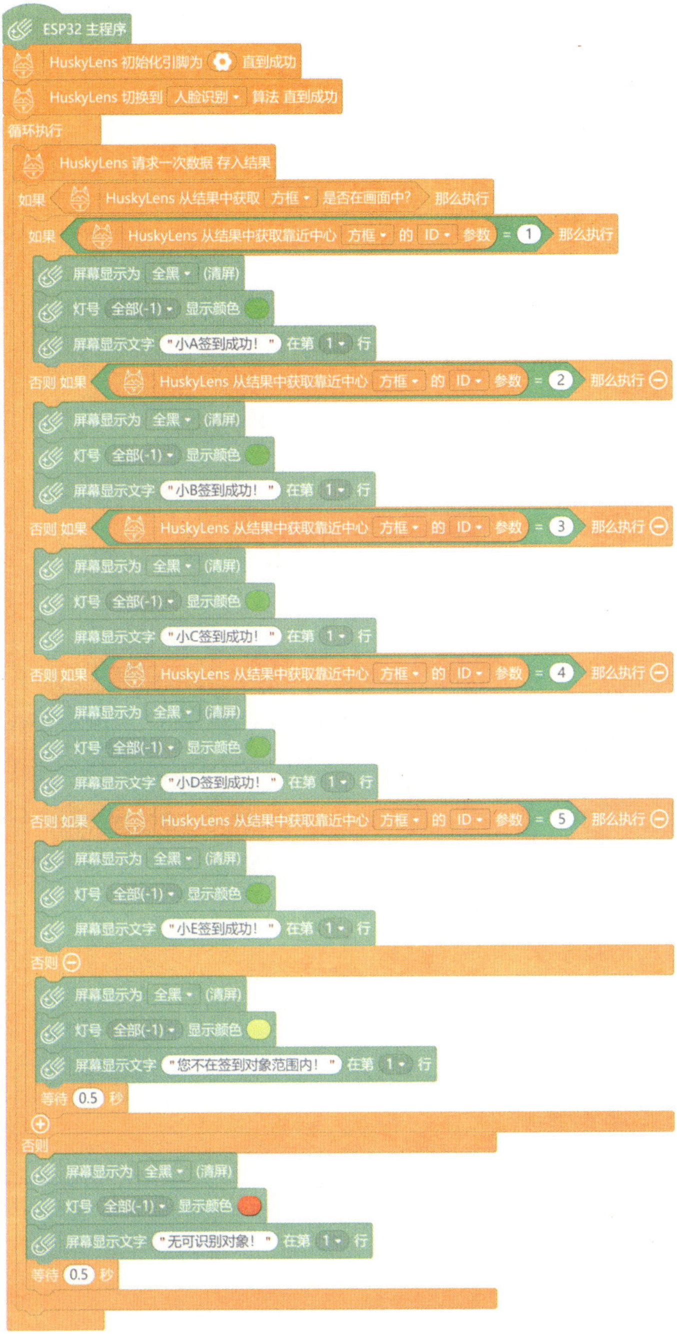

图3-4-6

（四）作品测试及优化

将上述程序进行优化，我们的优化思路是用列表存放每一张人脸对应的人名信息，将多重选择结构简化成或运算，结构更简单，算法复杂度更低（如图3-4-7所示）。

图3-4-7

部分程序放大（如图3-4-8所示）。

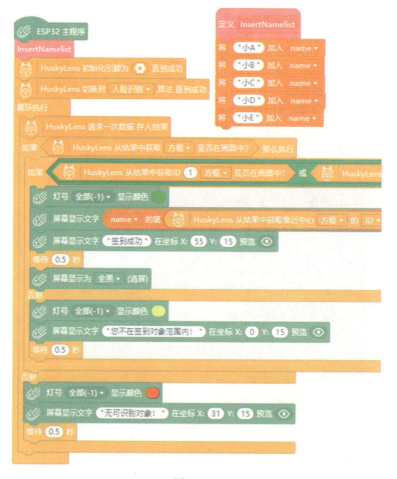

图3-4-8

四、项目小结（如图3-4-9所示）

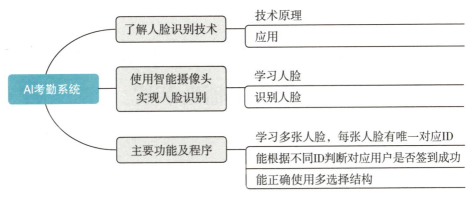

图3-4-9

五、项目拓展

利用人脸识别技术进行签到，可以提高签到的准确率、真实性，但是如果想生成签到名单，应该怎么操作呢？结合你学过的物联网知识，试着解决这个问题吧！

第五节　实践项目：基于AI识别技术的盲人辅助装置

一、项目背景

据世界卫生组织估计，全世界有盲人4500万人左右，中国盲人数量高达650万人，是盲人数量最多的国家之一。盲人作为社会弱势群体，由于无法用视觉感知外界事物，需要通过触摸、聆听等方式，这些方式获取信息的速度慢，易出错，且在一定的场合显得不方便。

通过访问各大电商平台，我们发现目前市面上售卖给盲人的辅助装置非常少，输入关键词"盲人辅助装置"可看到淘宝搜索结果（如图3-5-1所示）。

图3-5-1

输入"盲人辅助"会发现市面上便利盲人的装置核心依然停留在"导盲杖"，且功能上改进空间小，主要还是机械结构的改进，尚没有结合人工智能的辅助装置，市面产品如图3-5-2所示。

图3-5-2

近年来，人工智能发展迅猛，人脸识别技术、物体识别技术等都在生活中广为使用，如果能使用这些技术让盲人能快速识别不同的人、物体，那么在购物、交际、出行等活动中将会带来极大的便利。

二、设计思路

设计一种方便盲人在日常生活、出行中能快速识别人脸和物体的智能帽子，以便利盲人生活、降低盲人出行风险。

帽子通过超声波实时检测短距离内是否有人，如有人会播报人数方便避障。通过按键进行人脸识别和物体识别功能的切换，便于应用在不同的生活情境中。此外，当遇到紧急情况需要求助时，可通过物联网发送信息至亲人手表。播报功能借助语音合成模块，通过耳机播放，智能盲人辅助帽功能图如图3-5-3所示，智能盲人辅助帽设计图如图3-5-4所示。

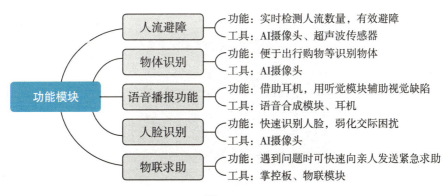

图3-5-3

图3-5-4

三、实施过程

（一）准备材料

1. 超声波传感器（如图3-5-5所示）

图3-5-5

2. Gravity Husky Lens人工智能摄像头（如图3-5-6所示）

图3-5-6

3.语音合成模块

Speech Synthesizer Bee采用的SYN6288中文语音合成芯片是一款性价比高，语音合成更自然，面向中高端应用领域的语音合成芯片。SYN6288通过异步串口接收待合成的文本，实现文本到声音（TTS）的转换。

Speech Synthesizer Bee语音合成模块采用xbee兼容接口，可以很方便地嵌入到我们开发的Arduino扩展板V5、xbee扩展板等产品中（如图3-5-7所示）。

语音合成模块

图3-5-7

4.掌控板及扩展板（如图3-5-8所示）

图3-5-8

5. 耳机线（如图3-5-9所示）

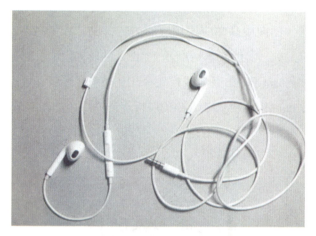

图3-5-9

6. 按钮（如图3-5-10所示）

图3-5-10

（二）硬件搭建

根据各个硬件的属性、端口、逻辑功能，完成电路图的接线，图3-5-11为接线成果（作品接线图）：

硬件连接

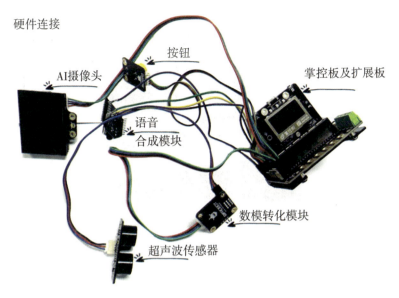

图3-5-11

（三）功能开发与测试

1. 物体识别功能

人工智能摄像头功能包含人脸识别和物体识别，均属于模式识别技术，该技术主要包括：预处理、特征提取、特征匹配和输出。使用原理如下：

（1）选择功能：拨动二哈识图左上角旋钮至"物体识别"功能（如图3-5-12所示）。

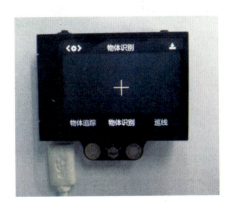

图3-5-12

（2）侦测物体：将二哈识图摄像头对准目标物体，当识别到内置物体时，会有白色框自动识别出物体及名称（如图3-5-13所示）。

图3-5-13

（3）标记物体：将二哈识图摄像头对准目标物体，当识别到物体名称时，将屏幕的"+"对准该物体的白色框中央，短按摄像头右上角"学习按键"进行标记，此时可以看到物体名称旁边多了一个ID标志，代表学习成功（如图3-5-14所示）。

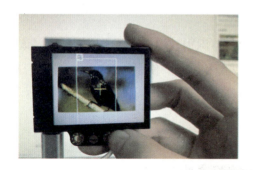 

图3-5-14

（4）识别物体：将二哈识图摄像头对准目标物体，当识别到已学习的物体时，屏幕会自动显示对应ID，代表识别成功。

具体操作：

在物体识别方面，由于我们的内置摄像头只能识别10个种类的物体，于是训练集我们只确定了3个种类：猫、狗和单车，我们建立了30张图片的数据库，样本采集自10只狗、10只猫和10辆单车，主要区别体现在：种类、颜色、角度、大小等。以下是部分训练集：

经过多次训练和匹配，得到识别结果见表3-5-1：

表3-5-1

状态	猫	狗	单车
准确率	70%	70%	95%

由以上准确率得知，猫和狗的识别准确率较低，这是因为猫和狗的形态类似，因此两者识别结果常常混淆，单车识别准确率高达95%，训练结果比较乐观。

具体程序如图3-5-15所示：

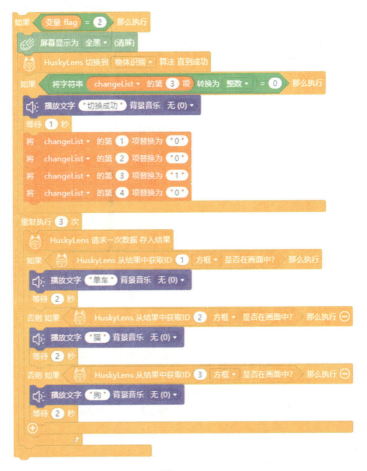

图3-5-15

2. 人脸识别功能

首先我们建立了100张人脸的数据库，样本采集自10人，共10种不同的状态：角度、光线、是否戴口罩、是否戴眼镜、不同年龄状态、发型、妆容等。

经过多次训练和匹配，得到识别结果见表3-5-2：

表3-5-2

状态	长发	短发	戴口罩	淡妆	浓妆	年轻	戴眼镜	盘发	古装	侧面
准确率	100%	100%	70%	100%	90%	90%	90%	100%	90%	60%

由以上准确率可得知，训练集中人脸角度是影响识别正确率的最主要因素，此外，戴口罩也会对训练结果产生较大影响，正确率仅达70%，妆容、年龄状态和不同年代的造型也会造成识别误差，不过影响较小。

人流避障程序，具体程序如图3-5-16所示：

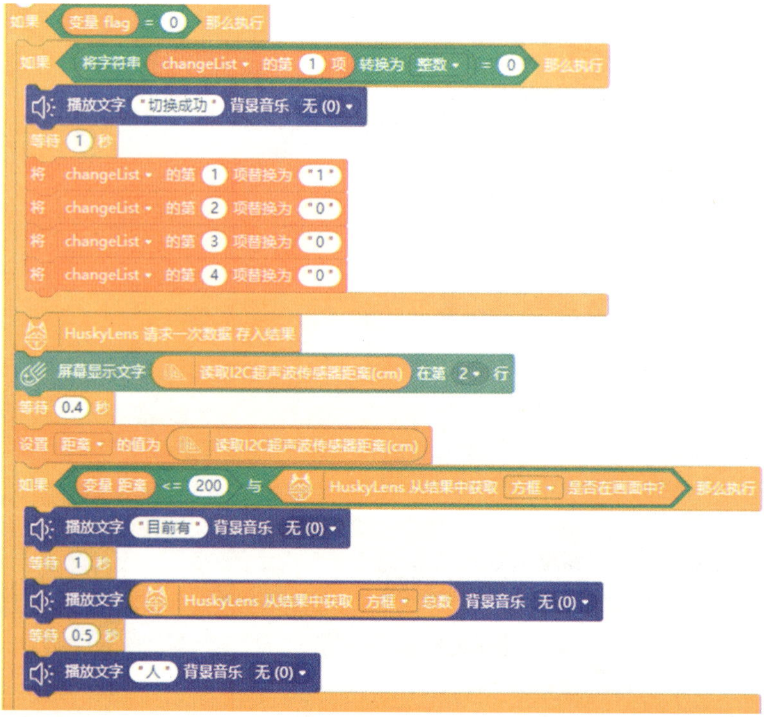

图3-5-16

人脸识别程序如图3-5-17所示。

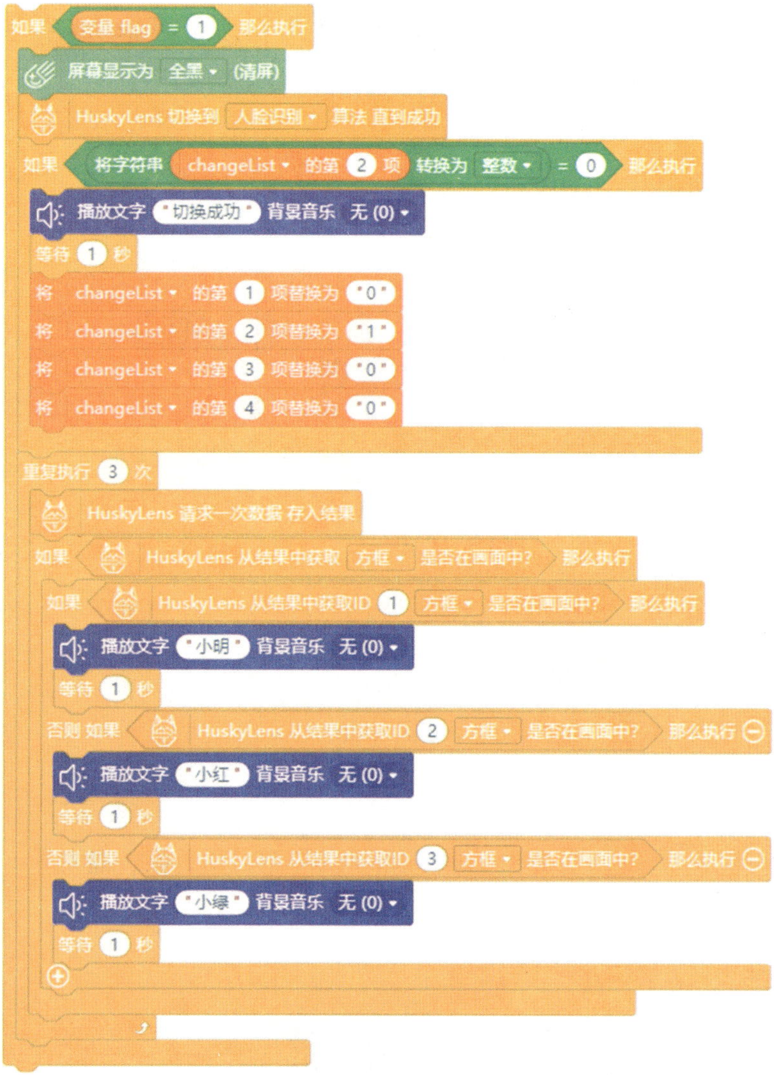

图3-5-17

3. 物联求助功能

具体思路为：将辅助帽和亲人手表这两个设备接入同一物联网云平台，当两个设备接入同一无线网络时，可通过MQTT协议进行通信，物联求助功能具体流程如图3-5-18所示：

辅助帽
物联网云平台
亲人手表

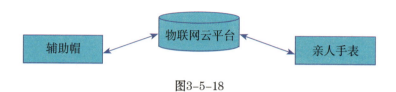

图3-5-18

具体程序如图3-5-19所示：

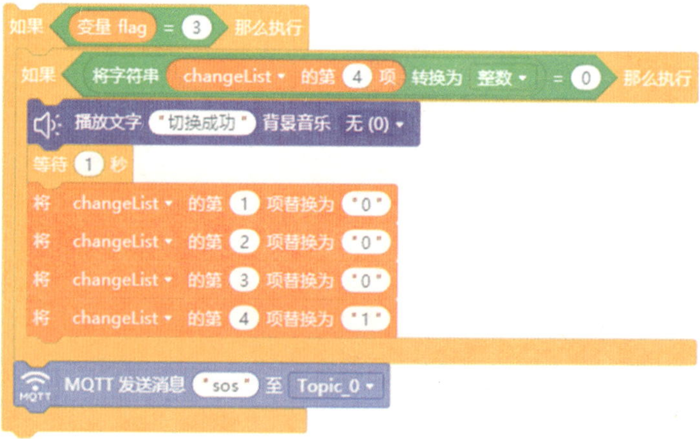

如果 变量 flag = 3 那么执行
如果 将字符串 changeList 的第 4 项 转换为 整数 = 0 那么执行
播放文字 "切换成功" 背景音乐 无 (0)
等待 1 秒
将 changeList 的第 1 项替换为 "0"
将 changeList 的第 2 项替换为 "0"
将 changeList 的第 3 项替换为 "0"
将 changeList 的第 4 项替换为 "1"
MQTT 发送消息 "sos" 至 Topic_0

图3-5-19

（四）外观设计

结合绘制的成品图，结合市面上帽子的类型：鸭舌帽、渔夫帽、牛仔帽等，最后形成以下效果（如图3-5-20所示）。

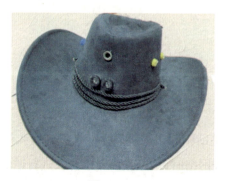

图3-5-20

四、项目小结

（1）系统独立运行，能够快速应用于各类场景。

（2）利用HuskyLenSAI视觉传感器，识别的人脸信息、图像信息都较为准确，能进行机器学习。

（3）利用语音合成技术，帮助盲人去甄别识别结果。

（4）方便实用，能真正解决现实中存在的问题。